Axel Prahl präsentiert:

WILDE WELLE

DIE BESTEN GESCHICHTEN
ALTER KAPITÄNE

Ausgewählt, eingeleitet und kommentiert von Axel Prahl
Aufgeschrieben von Stefan Kruecken

WILDE WELLE
Die besten Geschichten alter Kapitäne

EDITION CAMPFIRE

Originalausgabe
Oktober 2014
Alle Rechte vorbehalten.
© 2014 by Ankerherz Verlag GmbH, Hollenstedt

Herausgeber: Axel Prahl
Texte: Stefan Kruecken, Axel Prahl
Umschlaggestaltung, Illustrationen und Satz: Henning Weskamp, Hamburg
Fotos: Stefan Kruecken
Reihengestaltung: Ana Lessing, Berlin
Herstellung: Peter Löffelholz, Berlin
Papier: Munken Pure, Munkedals

Druck und Bindung: CPI – Clausen & Bosse, Leck
Bibliografische Information der Deutschen Nationalbibliothek
Die Deutsche Nationalbibliothek verzeichnet diese Publikation
in der Deutschen Nationalbibliografie; detaillierte bibliografische
Daten sind im Internet über http://dnb.dnb.de abrufbar.

Ankerherz Verlag GmbH, Hollenstedt
info@ankerherz.de
www.ankerherz.de

ISBN: 978-3-940138-90-3

»Wenn alles, was da lebt,
nur lebt zumeist durch Wasser,
so muss das Meer doch mehr sein
als nur Meer.
Und wenn ich bin durchs Meer,
so will ich dorthin gehen wohl,
wenn ich dann gehen muss.«

Axel Prahl

INHALT

MEINE LIEBSTEN GESCHICHTEN VON DER SEE

....

AXEL PRAHL liebt das Meer. Aufgewachsen an der Ostsee, verbindet ihn seit jeher eine Liebesbeziehung mit dem großen Blau. Warum das so ist? Eine Annäherung.

....

Als mich Stefan Kruecken, der Chef von Ankerherz, seinerzeit fragte, ob ich nicht Interesse hätte, Herausgeber dieses Buches zu werden, sagte ich sofort zu. Nicht nur, weil wir befreundet sind und mir die Arbeit seines kleinen, aber feinen Verlags so ausnehmend gut gefällt — denn seine Bücher sind allesamt liebevoll und aufwendig gestaltet und verarbeitet —, es waren vielmehr das Thema und der grundlegende Gedanke, der in diesem Buch steckt: die Liebe zum Meer.

Zunächst war es nur eine spontane Idee. Ebenso spontan schlug ich den Titel vor: »Wilde Welle«. Als ich mich dann konkreter mit der Materie beschäftigte, merkte ich bald, dass es gar nicht so einfach ist, aus all den Ankerherz-Geschichten über das Meer die besten herauszusuchen. Es sind einfach zu viele, und sie sind, in ihrer Art, auch zu unterschiedlich, um sie in einem Buch zusammenzufassen und ihnen trotzdem halbwegs gerecht zu werden.

9

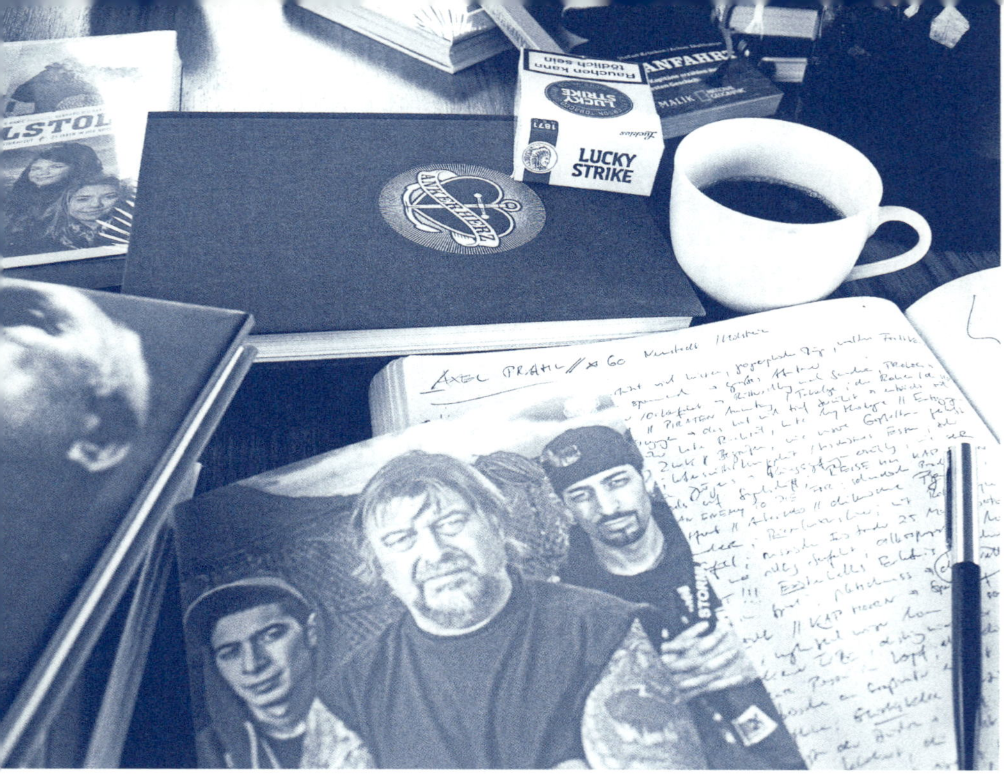
LUCKY
STRIKE

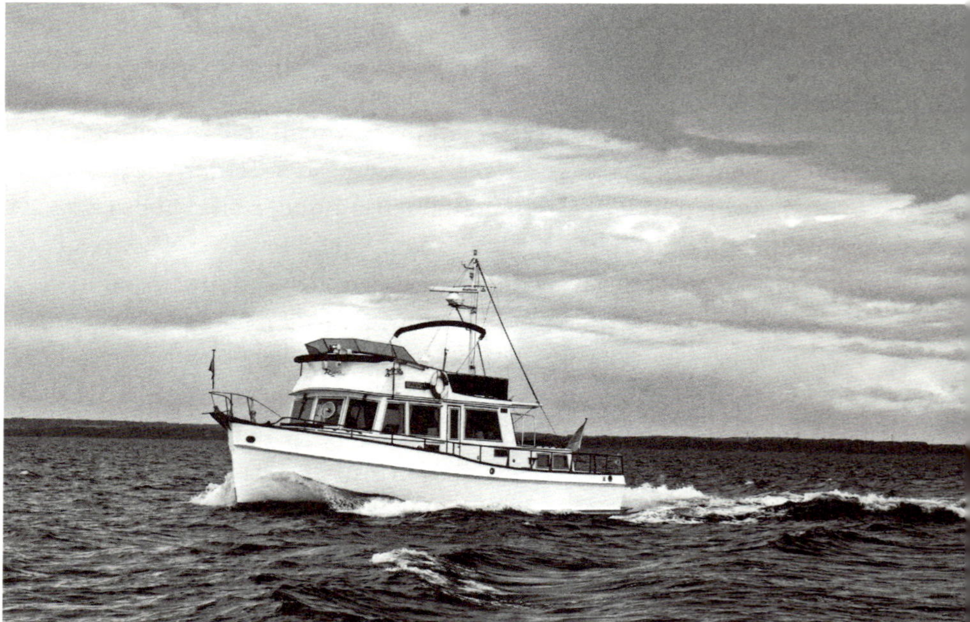

Also kaprizierten wir uns auf die Kapitänsgeschichten, um das Ganze zumindest thematisch etwas einzugrenzen. Da es aber auch sehr viele Kapitänsgeschichten gibt, zog ich es vor, mich mit Stefan zu verabreden, um gemeinsam die Texte auszusuchen, die in diesem Buch erscheinen sollen. Einer Art Besten-Auslese von Ankerherz.

Dazu hatte sich Stefan ein besonderes »Schmankerl« ausgedacht. Er charterte eine in Travemünde beheimatete Motorjacht, 42 Fuß (ca. 14,50 m) lang, einen wunderschönen Klassiker, der diese Bezeichnung auch in seinem Namen führt: *Grand Banks 42 Classic*. Bestückt mit zwei beeindruckenden Caterpillar-V8-Dieselmotoren, die satte 500 PS liefern. Dieses Prachtexemplar war 1978 unter dem Namen *Jonny* vom Stapel gelaufen.

Die Segler unter Ihnen mögen nun vielleicht die Nase rümpfen, aber bei diesem Schmuckstück aus den 1970er-Jahren, das mich irgendwie an den Film »Der Weiße Hai« erinnerte, geriet ich dann doch ins Schwärmen.

In der Kajüte duftete es anheimelnd nach Kaffee und Zigaretten, als wir an Bord kamen; der Himmel riss auf, und die Sommersonne warf ihre wärmenden Strahlen auf das Büchermeer vor mir auf dem Tisch. Stefan hatte sicherheitshalber doch noch mal alle für ihn in Frage kommenden Bücher mitgebracht. Vom Kochbuch »Kombüsengold« bis hin zu »Sturmkap«, dem Seefahrer-Klassiker, den ich seinerzeit als Hörbuch einlesen durfte. Die unglaubliche Reise des damals fünfzehnjährigen Hans Peter Jürgens, der einige Monate vor Ausbruch des Zweiten Weltkrieges auf einem Viermaster anheuerte, hat mich damals sehr fasziniert. Aus den sieben Monaten, die seine Reise dauern sollte, wurden sieben endlos scheinende Jahre voller Entbehrungen, aber auch voller Abenteuer. Ein Kapitel dieses Buches hatte mich dazu inspiriert, einen Song zu schreiben. »Reise, Reise, alle Mann an Deck« sollte er heißen. Ein paar Musikerfreunde halfen mir, das Stück mit einigen Instrumenten und einem kleinen See-

11

mannschor in einem Homerecording-Verfahren aufzunehmen. Dann schlug ich Stefan vor, dieses Lied gemeinsam mit dem Hörbuch zu veröffentlichen, hatte aber leider versäumt, ihm den Titel mitzuteilen. So erschien dieser Song damals auf dem Hörbuch als »Sturmkap-Lied«.

Diese Version unterscheidet sich allerdings sehr von der 2011 veröffentlichten Fassung auf meiner CD »Blick aufs Mehr«, für die Danny Dziuk eine wunderschöne Ouvertüre schrieb und der Komposition ein neues, orchestrales Arrangement verschaffte.

Als die Musik der beiden V8-Dieselmotoren erklingt, die *MS Jonny* ablegt und wir gemächlich an der Viermastbark *Passat* vorbeiziehen, hatten Stefan und ich uns schon darauf geeinigt, dass wir auf dieser kleinen Schiffstour nicht nur die Auswahl der Geschichten treffen wollten. Auf unserem Ausflug von Travemünde nach Neustadt in Holstein, meinem Heimathafen, wollten wir auch meine Beweggründe und meine Motivation, ein solches Buch herauszugeben, erörtern, um aus den Resultaten dieses Gesprächs vielleicht ein kleines persönliches Vorwort zu verfassen.

»Du bist am Meer groß geworden?«, beginnt Stefan unser Gespräch, worauf ich ihm direkt ins Wort falle: »Das ist eine Frage, die kaum eine Zeitung oder Zeitschrift, kaum ein Radio- oder Fernsehsender, die mich interviewt haben, noch nicht verwurstet hat.«

Die schroffe Reaktion meinerseits tat mir anschließend sehr leid. Aber auf sehr, sehr häufig gestellte Fragen von Journalisten reagiere ich manchmal instinktiv etwas allergisch. Es wäre meines Erachtens auch anmaßend, mich wegen meiner Herkunft an der Ostseeküste als Fachmann für maritime Fragen aufzuspielen. Vielmehr beschäftigt mich die grundlegende Frage, die all diesen Geschichten innewohnt. Diesen Geschichten über das Meer, über die Seefahrt, über Seefahrer, die den Naturgewalten trotzen und die die unbezwingbar scheinenden Kräfte der Natur zum

Kampf herausfordern – und koste es das eigene Leben! Was vereint sie?

Sie sind nahezu alle aus dem Holz des klassischen Dramas geschnitzt. Sie sprechen allesamt eine kaum zu zähmende, jahrtausendealte Sehnsucht des Menschen an. Seit den Anfängen der Geschichtsschreibung, seit den alten Ägyptern, den Griechen, den Römern hat sich daran nichts verändert. Ob Odysseus, Sir Francis Drake oder der Untergang der *Titanic* – die Seefahrt war, ist und bleibt ein Faszinosum.

Auch für mich!

Unsere Kapitänsgeschichten berichten aber nicht nur über Abenteuerliches oder gar Heldenhaftes – wobei mir an dieser Stelle gestattet sei anzumerken, dass ich mit der Begrifflichkeit »Held« so meine Schwierigkeiten habe. Sie berichten auch von globalen politischen und wirtschaftlichen Zusammenhängen. Welche Rohstoffe und Früchte, welches Gemüse oder Stückgut von wo nach wo geliefert wird. Welcher Hafen besser nur mit Begleitbooten der staatlichen Behörden anzulaufen sei oder in welchem Land man sicherheitshalber ein paar Euroscheine oder Dollarnoten als Bestechungsgeld parat halten sollte.

Hunderte solcher spannender Details haben Stefan Kruecken und seine Reporterkollegen in mindestens ebenso vielen Gesprächen mit Kapitänen und anderen Personen, die mit der Seefahrt zu tun haben, zusammengetragen. Sie schrieben darüber interessante, spannende und in jedem Sinne vielfältige Geschichten. Sie erzählen von Menschen höchst unterschiedlicher Natur, von würdevollen Kapitänen, aber eben auch von geckenhaften Gestalten. Von Aufschneidern, von Soldaten, Huren, von allem Möglichen, das die Menschheit zu bieten hat. Chinesen, Koreaner, Engländer, Griechen, Franzosen, Deutsche. Dieses pralle Leben in all seinen unterschiedlichsten Facetten, das vor meinem inneren Auge einen Bildersturm entfachte, ist es, der mich immer wieder fasziniert zu den Ankerherz-Büchern greifen lässt. Manche dieser relativ kurzen Geschichten hätten sicherlich das Potenzial, weitaus detaillierter erzählt oder gar zu einem Filmstoff verarbeitet zu werden. Aber die hier gewählte Erzählform hat auch seine Vorzüge! Sie ermöglicht dem Leser, die Lektüre in kleinen appetitlichen Häppchen zu sich zu nehmen, ohne die Gefahr, sich beispielsweise beim Schmökern unter der Bettdecke die Augen zu verderben.

Bisweilen zwingt die Form den Autor zwar, vermeintlich gewichtige Dinge oder gar eine lebensbestimmende Tragödie in einem Satz zusammenzufassen. Aber dieser eine Satz bietet dem Leser auch viel Platz für die eigene Phantasie und somit auch die Möglichkeit der Spekulation über einen tröstlichen Ausgang.

Viel Vergnügen bei der Lektüre dieses Buches wünscht ...

herzlichst, Axel Prahl

15

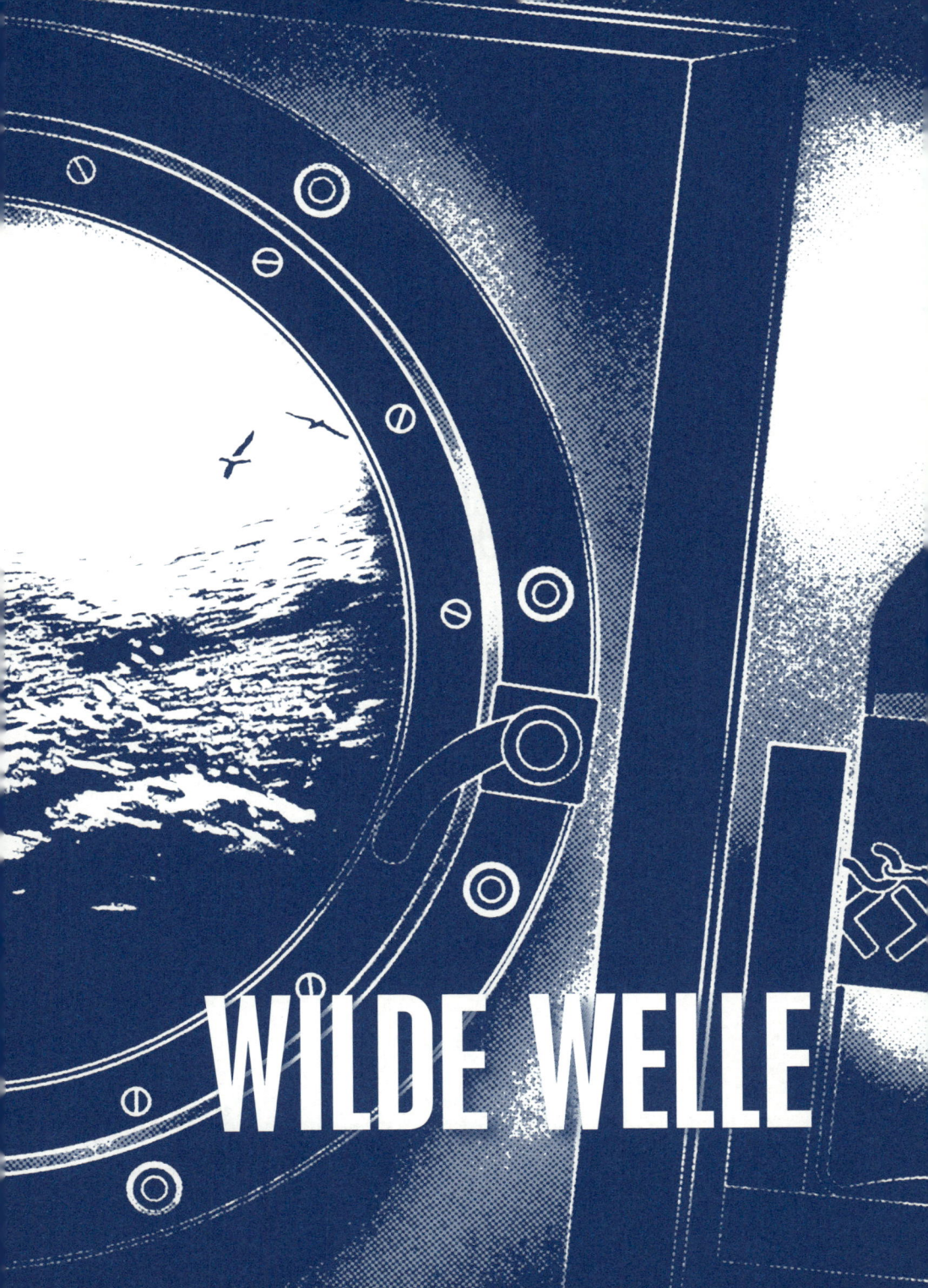

1 DER STRICH

....

»Wie oft geht es im Leben um einen Moment
der Intuition? Um ein Gefühl, das man rational
nicht erklären kann. In dieser Geschichte
rettet es viele Leben und ein Schiff.
Die See verzeiht nicht.« *~ Axel Prahl*

....

8° 12' S / 126° 26' O
REISE VON SINGAPUR NACH PAPUA-NEUGUINEA
»MS STARMAN AUSTRALIA«
IN DER NACHT AUF DEN 15. FEBRUAR 1990

Auf dem Radargerät ist ein geheimnisvoller Strich zu sehen. Was kann das sein? Eine Gewitterfront in einer ruhigen Tropennacht? KLAUS D. WEINACK ist beunruhigt, greift zum Fernglas. Und sieht eine gewaltige Welle auf sein Schiff zurollen.

Um auf See zu überleben, bedarf es manchmal eines Instinkts. Eines besonderen Gespürs, das man nicht aus Büchern lernen kann, sondern das gewachsen ist, in vielen Jahren auf dem Meer. Dieser Sinn rettete 32 Männer und ein Schiff vor einer Katastrophe, die auf uns aus dem Nichts zurollte.

Mit schweren Bulldozern für die seinerzeit größte Goldmine der Welt, die sich unweit der Mündung des Fly River in Papua-Neuguinea befand, waren wir in Singapur ausgelaufen. Einige der gewaltigen Baumaschinen standen an Deck und ich hatte sie, damit Seeschlag sie nicht beschädigen konnte, mit den Schaufeln Richtung Bug aufstellen lassen. Nichts mehr als eine Vorsichtsmaßnahme, denn unsere Route führte durch die Java-See und die Torres-Straße nördlich von Australien, also durch ein Fahrtgebiet, das als ruhig gilt.

Tatsächlich erschien die See glatt wie ein großer Ententeich, als wir nach fünf Tagen auf See mit voller Fahrt, knapp 14 Knoten, zwischen den Inseln Wetar und Timor hindurchfuhren. Gegen zwei Uhr nachts ging ich auf die Brücke, weil ich nicht einschlafen konnte. Der Zweite Offizier meldete keine besonderen Vorkommnisse und ich trat hinaus auf die Nock der Brücke, um die laue Tropenluft zu genießen und in den Sternenhimmel zu sehen.

Ich wollte mich gerade in Richtung Koje verabschieden, als ich am Radargerät vorbeikam und im Augenwinkel etwas Merkwürdiges bemerkte. Was war das für ein Strich auf der Anzeige? Quer über den Bildschirm zeigte das Gerät etwas an, das sich 20 Seemeilen vor uns befinden sollte. Der Zweite Offizier bekam das nicht mit. Er saß im Kapitänsstuhl und döste. Ich griff nach einem Fernglas, ging wieder hinaus auf die Nock und suchte den Horizont ab.

Es sah aus wie eine lang gezogene weiße Wolke.

Eine weiße Wolke, mitten in einer sternklaren tropischen Nacht? Das war unmöglich. Land konnte es auch nicht sein. Eine Gewitterfront? Ich fand keine plausible Erklärung, beobachtete das seltsame Gebilde weiter − und erschrak. Es war die Krone einer gewaltigen Welle, die auf uns zukam. Das war ein Tsunami!

Ich stürzte zurück auf die Brücke und löste »Crew-Alarm« aus, worauf ein schrilles Klingeln jeden an Bord weckte. Schlaftrunkene Offiziere und Matrosen eilten herbei, die meisten noch in Unterwäsche. Nun kam es auf jede Minute an. Ich gab Befehl, Türen und Bulleyes seefest zu verschließen, so viele, wie wir in der Kürze der Zeit schafften. Unsere Geschwindigkeit reduzierte ich auf langsame Fahrt und gab dem Rudergänger Order, den Kurs um 15 Grad zu ändern, um die Welle etwas seitlich anzulaufen.

Jetzt konnten wir deutlicher das Monstrum sehen, das auf uns zurollte. Nicht besonders schnell, etwa mit dem Tempo eines Rennradfahrers. Ich schätzte, dass die Welle mindestens 25 Meter hoch war. Niemand auf der Brücke sprach ein Wort.

Die Filippinos bekreuzigten sich.

Noch knapp 500 Meter bis zum Aufprall. Ich reduzierte beide Hauptmaschinen auf ganz langsame Fahrt. Als der Steven sich zu heben begann, drückte ich die Hebel der Maschinen auf volle Fahrt voraus. Dann brach die Welle über uns, man konnte nichts mehr sehen, für Sekunden befanden wir uns unter einem Vorhang. Das Schiff hob sich um 45 Grad, überall Wasser, auf Back und Vorschiff und bis hinauf zu beiden Brückennocken. Es wurde ganz still.

Wir glitten sanft hinab und das Schiff schüttelte sich regelrecht. Wie aus kleinen Wasserfällen strömte die See aus den

Speigatten. Es war überstanden. Allmählich beruhigte sich mein rasendes Herz. Ich ließ nachsehen, welche Schäden der Tsunami verursacht hatte. An Steuerbordseite war eine Positionslampe zerschlagen worden, Stauhölzer und Bohlen hatte die Welle fortgespült. Ihre Wucht hatte einige der Bulldozer, jeder von ihnen 150 Tonnen schwer, verschoben wie Spielzeugbagger. Wir hatten Glück. Ohne weitere Vorkommnisse liefen wir 36 Stunden später in unserem Bestimmungshafen ein. Ich dachte noch lange über diese Nacht und jenen Moment nach, als ich im Vorbeischlendern den Strich auf dem Radargerät registrierte. Hätte ich ihn nicht bemerkt, wären wir mit voller Fahrt und frontal auf die Welle gelaufen – dann hätte man nie wieder etwas vom Schiff und seiner Besatzung gehört. So manches Gebet ging in dieser Nacht von Bord der *Starman Australia* gen Himmel.

Ich habe meinen Beruf geliebt, denn es war ein Leben voller Abenteuer, seit ich als Schiffsjunge auf der *Passat* nach Südamerika segelte. In der Lombokstraße war ich dabei, als wir einen Angriff von Piraten abwehrten. Ich fuhr durch tückisches Eis vor Neufundland, um Papier für die englische Zeitung »Times« zu holen, lernte die Stürme der Biskaya fürchten, transportierte Korbwaren aus Maos China, Kloschüsseln aus der DDR und Riesenschildkröten von den Galapagosinseln, lauschte den Papageien am Amazonas und beobachtete Krokodile in Australien.

In Kamerun organisierte ich als Kapitän eine kleine Expedition durch den Urwald, um ein Dorf von Buschmännern zu besuchen, wobei wir auf dem Rückweg zum Strand, wo eine Barkasse lag, in einen Sumpf gerieten. Unsere Beine waren anschließend mit Dutzenden schwarzen Blutegeln gespickt, aber die Stunden im Dschungel, in denen wir ein wenig lernten vom Leben der glücklichen Urwaldmenschen, waren jede Qual wert gewesen.

Als Erster Offizier taugte ich sogar als Vorlage für eine Romanfigur. In der Geschichte »Johnny Brooks und die verschwundene Million« bin ich gewissermaßen Johnny Brooks, der Rest der Geschichte aber ist etwas frisiert. Von Hamburg aus waren wir im Sommer 1980 mit einem Stückgutfrachter über Antwerpen und Monrovia den Zaire-Fluss hinauf in die heiße, stickige Flussstadt Matadi gefahren. Zur Ladung gehörten 100 Blechkisten, die in den Ladungspapieren als »Bankpapiere« gelistet waren. Matadi war ein finsteres, heruntergekommenes Loch, berüchtigt wegen Korruption und Kriminalität. Etwa zehn Prozent der Ladung wurden beim Löschen gestohlen und es war nicht klar, wie viele der Diebe in Polizeikleidung steckten. Einmal stahl man aus dem Laderaum mehrere schwere Ledersessel, ein anderes Mal einen Maserati, einen silbergrauen Sportwagen, der für einen Minister bestimmt war. Zumindest stand der Maserati hinterher als gestohlen in den Papieren für die Versicherung. Ich hatte aber gesehen, dass er mit einem Kran an die Pier gehievt und von Uniformierten abgeholt worden war.

Elektroartikel, Videorekorder, Fernseher galten als besonders beliebte Beute und es war nicht ratsam, sich mit den Kriminellen anzulegen. Besonders aggressiv war die Atmosphäre beim Löschen, wenn wir Bier aus Bremen geladen hatten. Die Hafenarbeiter rissen die Kartons auf, öffneten die Flaschen mit ihren Zähnen und betranken sich. Im Falle der geheimnisvollen 100 Blechkisten mit »Bankpapieren« aber blieb mir gar nichts anderes übrig, als schnellstmöglich die Behörden zu alarmieren.

Als ich in den Laderaum kam, wirbelten Geldscheine wie Konfetti durch die Luft. Es herrschte Tumult, Dutzende Männer schrien durcheinander. Die Hafenarbeiter waren aus Begeisterung über den plötzlichen Reichtum wie von Sinnen und stopften sich Banknoten in ihre Taschen. In den Kisten befanden sich Millionen. Zaire, wie die Währung seinerzeit hieß, offenbar Nachschub für die Zentralbank des Landes. Dass die Scheine noch keine Seriennummer trugen und damit noch wertlos waren, fiel erst später auf, als der herbeigeeilte Stoßtrupp das Schiff wieder verlassen hatte.

Eine Million war, anders als im Roman, jedenfalls nicht verschwunden.

Den ungewöhnlichsten Proviant lernte ich auf einer anderen Reise im Jahre 1983 kennen, einer faszinierenden Reise, die 3200 Kilometer weit den Amazonas hinaufführte, mit Bohrmaterial für eine Ölfirma in Iquitos, einer Stadt in Peru. Zwei Lotsen waren an Bord gekommen, Indios, die auf wundersame Weise den richtigen Weg in einem Flussbett fanden, das sich immer wieder veränderte. Sie hatten Leguane im Gepäck. Zwei Abende später lag über dem Deck ein Geruch nach Barbecue. Ich sah nach und bekam sogleich eine Einladung zum Dinner: Es gab Leguan am Spieß.

Seemann zu sein, das gab mir die Gelegenheit, wegen der langen Liegezeiten in den Häfen fremde Kulturen kennenzulernen. Ich genoss die Kameradschaft an Bord, die auch in schwierigen, in stürmischen Zeiten funktionierte. Ich spürte ein Gefühl von Eigenständigkeit und Freiheit auf See. Bis das Zeitalter der Containerschifffahrt und Ausflaggung begann und die deutschen Reeder im ständigen Streben, ihre Schiffe noch kostengünstiger fahren zu lassen, den Druck auf die Kapitäne und die Offiziere erhöhten. Mit der Freiheit war es nun vorbei. Mit der Eigenständigkeit sowieso.

Statt mit 40 ausgebildeten Seemännern dampfte man mit 20 Anfängern von den Philippinen oder aus anderen Billiglohnländern durch die Gegend, die in vielen Fällen, kurz bevor sie an Bord kamen, angelernt worden waren. Ich mache den Leuten keinen Vorwurf, sie taten ihr Bestes, aber sie waren eben Laien, deren Unwissenheit besonders den Chief in der Maschine vor Herausforderungen stellte. Wenn wir mit einer neuen Crew ausliefen, verbrachte er die ersten Tage ohne jede Pause unter Deck, bis zumindest die einfachsten Grundabläufe erklärt waren. Mit Seemannschaft hatte das nichts zu tun und man konnte nur hoffen, nicht in ernste Krisensituationen zu geraten.

Szenen wie in Wildwest-Filmen spielten sich bisweilen ab, wenn ich die Heuer ausgeteilt hatte. In bar, pro Mann knapp

1000 US-Dollar. Auf manchen Reisen deponierte ich im Safe meiner Kapitänskajüte mehr Bargeld als manche Dorfbank – manchmal sogar mehr als eine Viertelmillion Dollar. Was immer wieder Erfindungsreichtum erforderte, denn es hieß, den Schlüssel zum Safe zu verstecken, damit ihn der Steward nicht fand. Ich löste drei Schrauben einer Deckenlampe und legte den Schlüssel in den Hohlraum. Oder ich befestigte ihn mit einem Gummiband unter einer Schublade meiner Koje.

Regelmäßig kam es zu Gewaltakten, wenn ich den Lohn verteilt hatte. Jemand war bestohlen worden, es gab Verdächtigungen, Anschuldigungen, es folgten Beleidigungen und dann dauerte es nicht mehr lange, bis die Dinge eskalierten. Während wir vor Houston in Texas auf Reede lagen und auf einen Lotsen warteten, attackierten sich mehrere Matrosen mit Messern. Ergebnis: sechs Verletzte und ein mittelgroßer Polizeieinsatz.

Das Leben als Kapitän wurde immer einsamer. Wenn man einen Leitenden Ingenieur an Bord hatte, der sich lieber stundenlang selbst die Karten legte, als sich nach Feierabend zu unterhalten, gab es wochenlang keinen Gesprächspartner. Dann hockte man abends in seiner Kammer, dachte an seine Familie, an seine Frau und Kinder am anderen Ende des Meeres, und versuchte, nicht unterzugehen.

Zu Beginn meiner Laufbahn waren Kapitäne Autoritätspersonen, die von ihren Reedern mit Respekt behandelt wurden. Am Ende meiner Laufbahn konnte es vorkommen, dass mich irgendein Praktikant über Satellitentelefon anrief, um irgendwelche Nichtigkeiten aus dem letzten Hafen zu klären. Dass es auf der Welt unterschiedliche Zeitzonen gibt und ich gerade in einer Tiefschlafphase unterwegs war, schien niemanden zu interessieren.

Hinzu kam das ungute Gefühl, ständig überwacht zu werden und auf einer Art »gläsernem Schiff« unterwegs zu sein. Einmal waren wir in indonesischen Gewässern an einem Fischerboot vorbeigekommen und ich hatte, weil wir bestens in der Zeit lagen und unseren Zielhafen früher als errechnet anlaufen konnten, die Maschine herunterfahren lassen, um frischen Fisch zu kaufen. Dabei trieb das Schiff etwas vom Kurs ab. Es vergingen wenige Minuten, bis auf der Brücke das Telefon klingelte. Jemand aus der Zentrale meldete sich und klang genervt, als er fragte: »Kapitän, Sie sind nicht auf Kurs. Was ist denn los?«

In einer anderen Angelegenheit hingegen hätte ich mir gewünscht, dass sich jemand von der Reederei für mich interessierte. Als ich nach einem tragischen Unfall verhaftet wurde und mich meine Firma im Stich ließ. Loyalität ist mir wichtig. Was im Januar 1986 geschah, ist für mich bis heute eine Enttäuschung. Wir hatten einen Kessel für eine Raffinerie geladen und waren unterwegs von Sulina im Schwarzen Meer nach Piräus. Der Kessel hatte gewaltige Ausmaße, selbst für unser Schwergutschiff. Einen Tag vor Ankunft in Piräus hatte ich achtern die Verschanzung entfernen und durch vier Stahlseile ersetzen lassen, um im Hafen Zeit zu sparen; unsere Ladung sollte über das Heck abgerollt werden. Das war nichts Besonderes und jeder wusste, dass er an Deck achtgeben musste, weil wir oft mit übergroßen Gütern für Atomreaktoren oder Fabriken unterwegs waren.

Der Lotse kam an Bord, um uns durch das schwierige Fahrwasser zu dirigieren. An Deck liefen Routinearbeiten, das Schiff wurde vor dem Einlaufen klargemacht und die Festmacherleinen herausgeholt. Die Sonne ging gerade auf, es war ein kalter, ziemlich windiger Morgen über der Ägäis und wir passierten in unruhiger See eine enge Stelle zwischen zwei Inseln.

»Mann über Bord! Achtung! Mann über Bord!«, hallte es aus dem Sprechfunkgerät, das auf der Brücke lag.

Ich wollte sofort Befehl geben, die Maschine zu stoppen, aber der Lotse unterbrach mich. »Kapitän, das ist zu gefährlich! Es ist eng an dieser Stelle, der Wind weht stark. Alarmieren Sie lieber die Behörden!« Tatsächlich befanden sich auf einer der Inseln gleich mehrere Stationen der Marine, des Rettungsdienstes und der Lotsen, und mir leuchtete ein, dass die Retter mit ihren Booten viel schneller den Schiffbrüchigen bergen konnten als wir. Etwa zehn Minuten hätten wir benötigt, um ein Rettungsboot zu Wasser zu lassen.

Schon kurz nach Absetzen des Notrufs tauchte ein weißes Boot der griechischen Marine auf. Weniger als fünf Minuten dauerte es, bis sie den philippinischen Matrosen entdeckten und ihn bargen. Jeder auf der Brücke war erleichtert, weil wir davon ausgingen, dass das Unglück ein glimpfliches Ende genommen hatte.

Doch dann: Schockzustand. »Der Gerettete ist tot«, hörten wir über Funk. War er in die Propeller geraten? Oder hatte er einen Kreislaufzusammenbruch erlitten und war ertrunken? Entsetzen herrschte auf der Brücke, Fassungslosigkeit und Trauer. Wir liefen in Piräus ein. Der Verunglückte war knapp 40 Jahre alt gewesen, ein Matrose, ein unauffälliger Mann. Ich saß mit den Offizieren im Salon, es war kurz nach zwölf Uhr, und wartete auf Vertreter diverser Behörden, als Beamte der Hafenpolizei grußlos hereinkamen.

»Kapitän, Sie haben sich schuldhaft verhalten!«, sagte ein Uniformierter mit schneidender Stimme.

»Bitte, was meinen Sie?«, antwortete ich erschrocken.

»Wir haben von Mannschaftsmitgliedern erfahren, dass Sie die Maschine nicht gestoppt haben und dass Sie an der Stelle, wo der Verunglückte außenbords fiel, vorher die Verschanzung entfernen ließen. Unterschreiben Sie dies hier!«, zischte er und hielt mir ein vorbereitetes Protokoll hin. Es war auf Griechisch ausgefüllt.

»Ich werde das nicht unterschreiben«, antwortete ich, »ich weiß ja nicht mal, was da steht!«

»Dann bleibt mir keine andere Wahl«, entgegnete der Polizist und forderte mich auf, die Arme nach vorne auszustrecken. Er legte mir Handschellen an und führte mich über die Gangway von Bord.

In einem Polizeiwagen fuhr man mich in ein Gefängnis und sperrte mich in eine Zelle. Vier Meter im Quadrat, eine schmale Bank, ein Eimer als Toilette. Sechs andere Gefangene musterten mich. Ich trug eine Khakiuniform und ein weißes Hemd. Vermutlich hielten sie mich für einen Kapitän, der ein Verbrechen begangen hatte. Zu überraschen schien dies keinen meiner Zellengenossen.

Ich dachte nun, dass es nur eine Frage weniger Stunden sein könnte, bis meine Reederei einen Anwalt bestellte, ein Mitarbeiter der deutschen Botschaft vorbeikam oder ein Agent der Reederei die Kaution für mich hinterlegte. Doch nichts geschah. Der Nachmittag verstrich, auch der Abend. Es wurde Nacht. Noch immer tauchte keine Hilfe auf. Ich wurde unruhig und fand keinen Schlaf auf dem nackten Boden. Die Ereignisse drehten sich immer wieder in meinem Kopf, der Gedanke an das Unglück, das ich mir nicht erklären konnte. Und das Gefühl, von aller Welt verlassen zu sein.

Eigentlich war ich am Nachmittag des Unglückstages mit einem Bekannten verabredet gewesen, einem Seemannsdiakon namens Günther, den ich während einer meiner Reisen in Douala getroffen hatte und der seit Kurzem in Athen lebte. Der Aufseher genehmigte mir nach einigen Bitten ein Telefonat, das ich nutzte, meinem Bekannten die unangenehme Lage zu schildern. Günther versprach, etwas zu unternehmen. Aus meiner Enttäuschung über die mangelnde Unterstützung der Reederei wurde Wut.

Am nächsten Tag bekam ich Hilfe durch einen Anwalt, den mein Helfer beauftragt hatte. Er erklärte mir, dass bereits für übermorgen eine Seeamtsverhandlung angesetzt war, in der die Schuldfrage geklärt werden sollte. Ich kam frei, fuhr zurück in den Hafen, ging aufs Schiff, um zu duschen und die Kleidung zu wechseln. Danach berieten wir, was zu tun war. Von der Mannschaft hatte ich einen Tipp bekommen, dass der Verunglückte alkoholkrank gewesen war und stark angetrunken den Dienst angetreten hatte.

Mein Anwalt beantragte sogleich eine Obduktion. Das Ergebnis der Leichenbeschau und einige Zeugenaussagen führten dazu, dass die Seeamtsverhandlung rasch beendet war: Der Matrose hatte zum Zeitpunkt des Unglücks eine Menge Alkohol im Blut. Obwohl an Bord striktes Trinkverbot herrschte, hatte er in der Nacht alleine eine Flasche Whiskey geleert. Auch die Ereignisse, die zum Unglück führten, konnten rekonstruiert werden: Dem Matrosen, etwas wackelig auf den Beinen, war bei Aufräumarbeiten eine schwere Leine ins Wasser gefallen. Beim Versuch, sie wieder an Bord zu ziehen, hatte er das Gleichgewicht verloren, war vom Gewicht der Leine ins Meer gezogen worden und im Schraubenwasser ertrunken.

Der Freispruch des Seegerichts erleichterte mich, doch die Gedanken an die vergangenen 72 Stunden gingen mir lange nicht aus dem Kopf. Viel Zeit blieb mir nicht für Emotionen, denn ich musste mich wieder Problemen im Bordalltag zuwenden. Die philippinische Besatzung drohte, in einen Streik zu treten, weil sie glaubte, dass nach dem Unglück böse Geister an Bord hausten. Ein Offizier kannte einen Priester, der sich mit Geistern bestens auskannte und Kokosmilch versprenkelte. Wir warfen die Leinen los.

....

Kapitän Klaus D. Weinack, Jahrgang 1935, geboren in Insterburg (Ostpreußen), wuchs nach der Vertreibung in Niendorf an der Ostsee auf. Beseelt vom Wunsch, Kapitän zu werden, besuchte er die Schiffsjungenschule auf dem Priwall bei Travemünde. Obwohl er während der ersten Reise unter starker Seekrankheit litt, verfolgte er seinen Traum und machte 1962 sein Kapitänspatent.

29

² MS PANOPTIKUM

....

»Fahr mal los! Wir regeln das irgendwie ...
Ja, das habe ich auch schon des Öfteren
gedacht und habe es dann auch versucht.
Auf der Straße mag das ja meistens auch
gut gehen. Auf See eher nicht.« *~ Axel Prahl*

....

48° 33' N / 5° 26' W
AUF DEM WEG VON WYK (FÖHR) NACH KO SAMUI (THAILAND)
AN BORD DER AUTOFÄHRE »RAJA 1«
IM MÄRZ 1995

Gebaut ist die kleine Autofähre für das Wattenmeer in Nordfriesland, doch als sie ein thailändischer Investor erwirbt, muss sie jemand durch die herbstliche Nordsee und die Biskaya bringen. Der Kapitän verliert im Sturm die Nerven, die Mannschaft jedes Vertrauen. HANS ERICH BRADHERING, als Helfer an Bord, erlebt die schwierigsten Stunden seiner Laufbahn.

Diese Bemerkung über den Monsun, vor dem man sich im Indischen Ozean in Acht nehmen muss, diesen Hinweis hätte ich mir verkneifen sollen. Als mich im Besprechungszimmer der Reederei alle ansahen, wusste ich, wer die kleine Fähre von Wyk auf Föhr nach Ko Samui in Thailand überführen würde. Zumindest auf der gefährlichen Passage durch die Nordsee und die Biskaya, auf jenem Teil der Reise, der die meisten Sorgen bereitete. Die *Nordfriesland* war fürs friedliche friesische Wattenmeer gebaut worden, nicht für den Atlantik im Winter.

›Toll gemacht, Bradhering‹, dachte ich, ›ganz toll.‹

Ein Hotelier aus Bangkok, Mr Adul Chayopas, hatte die *Nordfriesland* gekauft, worüber man in der Wyker Dampfschiffs-Reederei (W. D. R.) erleichtert war, denn der Erlös würde den Neubau einer Fähre finanzieren und Arbeitsplätze sichern. Monatelang hatte sich niemand auf die Offerte gemeldet, obwohl 200 Makler das Schiff weltweit anboten. Es gab eben nicht viele flache Fahrtgebiete, in denen man eine solche Spezialkonstruktion einsetzen konnte. Nun sollte sie nach Asien überführt werden und eine Klausel im Vertrag sah vor, dass ein nautischer und zwei technische Berater mitkamen. Ich war froh, die erfahrenen Maschinisten Gerd Höncher und Jens Moll an Bord zu wissen. Dass es keine Spazierfahrt werden würde, stand fest, aber ich freute mich auf das Abenteuer. Meine Familie fährt seit vielen Generationen zur See und als Sohn von Hallig Langeneß hatte ich schon früh gelernt, ein Boot zu steuern, mit einem Hocker unter den Füßen. Wenn Stürme aufzogen, waren das Festtage für uns Kinder auf der Hallig, denn wir pickten an der Wasserkante vorbeitreibendes Strandgut auf. Natürlich fuhr ich als junger Mann zur See, das war von der Natur für mich so vorgesehen. Nach Jahren auf großer Fahrt kehrte ich in meine Heimat zurück, nicht auf eine Hallig, sondern auf die Insel Föhr, weil ich dort einen sicheren Arbeitsplatz als Kapitän fand.

Die *Nordfriesland*, 65 Meter lang, elf Meter breit, eine Autofähre mit offenen Decks und wenig Tiefgang, wurde vor der Reise ans andere Ende der Welt in der Werft von Husum umgebaut. 54 Punkte war die Liste der Arbeiten lang, wobei das Hauptproblem nicht das Entfernen von Schildern wie »Möwen füttern verboten!« war, sondern die Frage, ob wir das Schiff dicht bekommen würden, um die Biskaya zu überstehen. Aus der *Nordfriesland* wurde die *Raja 1*, statt »Wyk« stand der neue Heimathafen »Song Khla« am Heck.

Am 1. März 1995 dockten wir das Schiff aus und ich begann damit, die thailändische Besatzung einzuweisen. Der Kapitän war ein schweigsamer, kleiner Mann, vielleicht 50 Jahre alt, der nervös wirkte; auch seine vier Offiziere, die vier Matrosen und der Koch schienen Angst zu haben. Während der ersten Übungsfahrten im Wattenmeer stellte sich heraus, dass ihre Furcht berechtigt war: Von Seefahrt hatten sie so wenig Ahnung, dass ich kurz überlegte, ob man vielleicht eine Belegschaft Busfahrer schanghait hatte. Mr Chayopas hatte es eilig, seine neue Fähre einsetzen zu können, aber ein Sturm tobte über dem Norden und ich konnte ihn überzeugen, dass wir besser nicht in Windstärke zehn auf die Nordsee hinausfuhren. Tagelang hielt uns der Orkan fest. Endlich, am Montag, den 6. März, schob sich die *Nordfriesland* um kurz nach Mitternacht aus dem Hafen von Wyk.

Der Wind blies noch immer mit mehr als sieben Beaufort und ich hatte geplant, bei einer weiteren Verschlechterung Helgoland anzulaufen. Ich staunte: Meine Anweisungen wurden umgesetzt, als sei ich nicht der Berater, sondern der Kapitän, während mein thailändischer Kollege schweigend und mit wenig Farbe im Gesicht neben mir stand. Sobald wir die offene See erreichten, stampfte das Schiff heftig und unappetitliche Geräusche waren zu hören: Die Seekrankheit machte den Männern zu schaffen. Auch der Kapitän wankte von der Brücke, gefolgt von seinem Ersten Offizier, und als der Zweite zur Wache erschien, steuerte er mit weit aufgerissenen Augen die Dusche des Kapitäns an – aber nicht, um zu duschen. Ich war nun alleine und stellte erfreut fest, dass die *Raja 1* zwar heftig schaukelte, aber mit sechs Knoten vorankam und sogar ein Küstenmotorschiff überholte. ›Stark! Es gibt also Schiffe, die sind noch langsamer als wir‹, dachte ich. Humor hilft einem in vielen Momenten weiter.

6. März, kurz nach 15.00 Uhr: Der Zweite Offizier stürmte durch die Tür – diesmal nicht Richtung Dusche, wie ich erfreut feststellte – und rief: »Wasser! Wasser im Schiff!« Ich bat Ingenieur Moll, nachzusehen, was los war. Er kam mit alarmierenden Nachrichten zurück: Das Wasser hatte den Notausstiegsdeckel zum Mannschaftsraum niedergedrückt, bis die Dichtungen geborsten waren. Obendrein war im Betriebsgang eine Schweißnaht gerissen. Etwa kniehoch stand Wasser in den Räumen. Eine Reparatur? Schien nur über das Autodeck möglich, das jedoch von Brechern überspült wurde. Jede große Welle schwappte gewissermaßen durch unser kleines Schiff hindurch, ein Anblick, an den man sich erst gewöhnen muss. In der Reederei von Wyk konnten wir niemanden um Rat fragen: Die Funkanlage war ausgefallen. Zum Ernst der Lage passte, dass der Wind weiter zunahm und schwere Schauer mit Stärke neun aus West-Nordwest über uns niedergingen. Die Wellen kamen uns steil entgegen und waren vier Meter hoch. Sollten wir das englische Dover

als Nothafen anlaufen? Der Kapitän drängte darauf, doch ich wollte abwarten: Vielleicht konnten wir das Wasser von Bord pumpen.

Nun begannen die schwierigsten Stunden in meiner Laufbahn als Seemann. Das Wetter verschlechterte sich weiter und die *Raja 1* richtete sich nur noch mühsam wieder auf, wenn eine Welle durchgelaufen war. Ich versuchte, die Seen abzureiten, soweit es mit der Maschine der *Raja 1* möglich war, nahm auf dem Wellenkamm Fahrt aus dem Schiff und gab im Wellental äußerste Kraft voraus. Gefährliche Kreuzseen besorgten mich und es war eine gewisse Nervenstärke gefragt, die Dinge alleine zu regeln, denn Offiziere und Matrosen verbrachten mehr Zeit auf der Toilette als auf der Brücke. Das Schiff rollte heftig, legte sich mit bis zu 20 Grad auf die Seite. ›Das ist jetzt ungefähr so, als fahre man mit einem gut ausgerüsteten Schlauchboot rüber nach New York‹, überlegte ich, behielt den Gedanken aber für mich. Der Kapitän sah ohnehin aus, als würde er jeden Moment über Bord springen.

Ich kann mich nicht an die Uhrzeit erinnern, als wir Ärger mit der niederländischen Küstenwache bekamen. Wir hatten einen Zwangsweg verletzt, aus der Not heraus. Hätten wir die Route genommen, die in der Seekarte vorgesehen war, wären wir quer zur See gekommen – was das Schiff wahrscheinlich nicht ausgehalten hätte. Es dauerte nur wenige Minuten, bis ein Hubschrauber der Koninklijke Marine über uns kreiste. Ich hätte gerne gehört, wie sie uns über Funk beschimpften, aber die Anlage funktionierte noch immer nicht. Vermutlich wunderten sich die Holländer, als sie die thailändische Flagge erkannten und den Namen des Heimathafens lasen. Sie drehten jedenfalls wieder ab. Von einer Strafe wurde mir nichts bekannt.

Dienstag, 7. März: Die Müdigkeit war nach vielen Stunden auf Wache kaum noch auszuhalten. Wir kämpften weiter mit dem Wetter und der See. Das Schiff stampfte und rollte, doch die Mannschaft schien der *Raja 1* nun zu vertrauen. Am Vormittag begannen der Funker und ich, die Anlage zu reparieren. Ich meldete mich über Norddeich Radio in der Reederei von Wyk, wo man erleichtert auf das Lebenszeichen reagierte. Wenig später hätte man uns als vermisst gemeldet. Der Kapitän kümmerte sich indes um ein drängendes Problem: Er fummelte am Rollo eines Brückenfensters herum, schon seit Stunden, er bewies wirklich Geduld, denn das Rollo ließ sich einfach nicht mehr herunterziehen. Auch er hatte sein Erfolgserlebnis: Ist es nicht wunderbar, wenn jeder sein Talent einbringt, um eine schwierige Reise zu meistern?

Was seemännische Aspekte betraf, wurde die Zusammenarbeit nicht einfacher. Ich kam nach einer kurzen Ruhepause gerade wieder auf die Brücke, als wir einen Wegepunkt passierten, ein Feuerschiff, wo wir nach Backbord abdrehen mussten. Was in der Karte stand und so eindeutig war, als habe man das Meer mit Leuchtbojen und Pfeilen versehen. Doch wir fuhren an dem Feuerschiff vorbei, ohne dass sich der Erste Offizier rührte. Ich nippte an meinem Kaffee und wartete noch einen Moment, um mich nicht aufzuregen – ich mochte mich nicht mehr aufregen –, dann fragte ich, so höflich wie möglich:

»Verzeihung, warum ändern Sie nicht den Kurs?«

Er sah mich erstaunt an.

»Weil Sie nichts gesagt haben! Wieso sagen Sie denn nichts?«

In manchen Momenten erinnerte mich die *Raja 1* an ein schwimmendes Panoptikum. Was ich auf der Brücke an Sonderheiten erlebte, machten die Ingenieure Höncher und Moll auf ähnliche Weise in der Maschine mit: Der thailändische Maschinist, ein groß gewachsener, muskulöser Mann, erschien wegen seiner Alkoholprobleme unregelmäßig zur Arbeit. In der Kombüse produzierte der Koch Mahlzeiten, die mich von einer Sorge befreiten: Zunehmen würde ich auf dieser Reise nicht.

Als ich gegen Mitternacht in die Koje fiel, war ich erschöpft und müde, doch ich konnte nicht einschlafen. Nach vier

Stunden gab ich auf und ging zurück auf die Brücke. Wir liefen an Dover vorbei, weil die Pumpen zuverlässig arbeiteten. Mit dem Morgengrauen setzte Schneetreiben ein und das Barometer fiel erneut. Kam der nächste Sturm auf uns zu?

Ich brach zu einem Inspektionsgang über das Schiff auf und stellte fest, dass Wasser auch in den Bugstrahlraum eingedrungen war. Als ich den Deckel vom Notausstieg hochnahm, konnte ich erkennen, dass alle vier Ecken der Dichtung offen waren. Sämtliche Ecken! Fluchend beseitigte ich diesen Missstand. Der Tag endete mit schlechten Neuigkeiten des Wetterdienstes: Für den Westausgang des Englischen Kanals und die Biskaya wurden Windstärken um die acht vorhergesagt. Die Achterbahnfahrt sollte weitergehen.

Donnerstag, 9. März: Die hohe Dünung des Atlantiks warf unsere kleine Fähre hin und her, es fühlte sich an wie auf einer Kirmesschaukel. Auf der Brücke herrschte keine Jahrmarktstimmung, denn der Kapitän sorgte sich um die Brennstoffvorräte. Im Sturm verbrauchten wir täglich 8100 Liter Schiffsdiesel, nach seiner Berechnung viel zu viel, um über den Indischen Ozean zu kommen. ›Na und? Muss er eben irgendwo bunkern‹, dachte ich und kümmerte mich um akute Probleme, die auf uns zurollten. Gegen 17.20 Uhr schaukelten wir in meterhoher Dünung am Leuchtturm von Quessant vorbei, der letzten Landmarke der Bretagne. Jetzt wartete die berüchtigte Biskaya auf unser Ensemble.

Freitag, 10. März, 4.45 Uhr: Jemand schüttelte mich unsanft aus dem Schlaf: Die Treibstoffleitung war verstopft. Nach groben Berechnungen blieben noch drei Stunden, bis der Antrieb ausfiel. »Guten Morgen«, murmelte ich. Um im Notfall Zeit zu gewinnen, gab ich Order, Eimer bereitzustellen, damit wir Diesel per Hand transportieren konnten. Es gelang Höncher, Moll und mir, das Problem rechtzeitig zu lösen: Wir fanden die verstopften Stellen in den 30 Meter langen Leitungen und überbrückten sie, indem wir Schläuche anschlossen, mit denen normalerweise die Decks gewaschen werden. Vom thailändischen Maschinisten kamen keinerlei Ratschläge – er schlief mal wieder einen Rausch aus.

Ich inspizierte das Schiff und war zufrieden: In den nächsten Tagen waren lediglich kleinere Reparaturen zu erledigen; als das GPS-System aussetzte, kletterte ich auf den Mast, um eine Antenne zu begutachten. Die *Raja 1* stampfte immer weiter voran und passierte am Samstag, den 11. März, Kap Finisterre, das »Ende der Welt« an der Küste Galiciens. Am nächsten Morgen sahen wir zum ersten Mal auf unserer Reise die Sonne, was der Laune an Bord guttat.

Das Wetter besserte sich, sodass wir mit elf Knoten unter einem sternklaren Himmel vorankamen. Der nächste Kontrollgang durch das Schiff ergab, dass in Gibraltar, unserem nächsten Hafen, nur Routinearbeiten anstanden. Am 14. März, es war gegen neun Uhr vormittags, liefen wir in die Bucht unterhalb des großen Felsens ein und warteten auf den Lotsen. Um 16.50 Uhr machten wir im Hafen fest: geschafft! Ich informierte die Reederei in Wyk und baute ein neues GPS-Gerät ein. Während wir Föhrer arbeiteten, feierte der Rest der Besatzung eine »Bis-Gibraltar-haben-wir-überlebt«-Party. Der Maschinist, der eigentlich die Filter reinigen sollte, torkelte mir volltrunken im Gang entgegen und auch die anderen hatten nach kurzer Zeit so viel Schlagseite wie die *Raja 1* in der Biskaya. Meine Geduld war nun am Ende. Nach einem heftigen Disput mit dem Kapitän, den die Disziplinlosigkeit nicht zu kümmern schien, sorgte ich durch einige Telefonate dafür, dass der Maschinist abgesetzt wurde. Als sich die Nachricht herumsprach, kam es noch zu unangenehmen Szenen. Der Geschasste stieß wüste Drohungen aus, wollte mich angeblich umbringen und wedelte mit dem Finger in der Luft herum. Immerhin: In ihm steckte doch Elan.

Ich fühlte eine tiefe Erleichterung, als ich ein Flugzeug Richtung Hamburg bestieg. Die Ingenieure durften einige Tage später in Sues wieder auf der *Raja 1* einsteigen und bis Thailand mitfahren, weil die Experten an Bord nicht mit der Bedienung der Maschine klarkamen. Dass es die kleine Fähre bis Thailand schaffte, las ich später im Inselboten, unserer Heimatzeitung auf Föhr. Eine Urlauberin hatte die ehemalige *Nordfriesland* erkannt und fotografiert. Meine Sehnsucht, die *Raja 1* wiederzusehen, hält sich in Grenzen. Auf Föhr ist es ohnehin schöner als auf Ko Samui.

....

Kapitän Hans Erich Bradhering, Jahrgang 1943, ist ein Sohn der Hallig Langeneß. Seit Generationen fährt seine Familie zur See und Bradhering erinnert sich, »mit einem Hocker unter den Füßen« das erste Schiff gesteuert zu haben. Mit 14 heuerte er in den Ferien als Moses auf dem Schiff seines Opas an und ging zwei Jahre später als Leichtmatrose auf große Fahrt. 1971 machte er sein Kapitänspatent, fuhr nach Westafrika und Amerika und wechselte schließlich zurück zur Wyker Dampfschiffs-Reederei (W.D.R.), für die er bis zu seiner Pensionierung 2003 auf der Brücke stand.

39

3 MONSUN

»Wenn einem am Flughafen bei der Sicherheitskontrolle die Nagelschere abgenommen wird, obwohl man an Bord der Maschine eine solche aus dem Bordsortiment käuflich erwerben kann, und man sich über diesen Unsinn beschwert, bekommt man auch gerne mal zu hören: ›Ich habe die Vorschriften nicht gemacht!‹ Böse Zungen hätten darauf geantwortet: ›Na, Sie hätten damals auch keine Juden versteckt, was?‹ Muss man jeden Befehl befolgen? Diese Geschichte zeigt die Zivilcourage eines einzelnen Mannes, in einer Zeit, in der sich viele hinter den Vorschriften versteckt haben.« ~ *Axel Prahl*

32° 14' S / 72° 03' E
IM INDISCHEN OZEAN
AUF EINEM U-BOOT-VERSORGER
12. MÄRZ 1944

Die Lage ist verzweifelt, der Kapitän ein Widerling und sein Befehl eindeutig: Bevor das Schiff vom amerikanischen Zerstörer versenkt wird, soll der junge Offizier zwei gefangene Seeleute exekutieren. HANS RUDOLF MÜLLER überlegt, wie er dem Kriegsgericht entgehen kann, als an Bord Sprengladungen hochgehen. Doch dann spitzt sich die Lage dramatisch zu.

»Müller, Sie erschießen jetzt die Gefangenen«, herrscht mich Altstrom (Name geändert) an, »beeilen Sie sich!«

»Aber Herr Kapitän, das sind – das sind doch alte Männer!«, entgegne ich, stammele fast, denn ich kann nicht glauben, zu welcher Niedertracht dieser Widerling fähig ist.

»Dies ist ein Befehl, Müller! Ein Führerbefehl!«, brüllt Altstrom und weil er spürt, wie ich, sein Zweiter Offizier, darüber denke, wie sehr ich ihn als Mensch und als Kapitän verachte, fügt er mit schneidender Stimme an: »Sollten Sie einen Führerbefehl verweigern, dann bringe ich Sie vors Kriegsgericht.«

Unser Versorger liegt mit etwa 15 Grad Schlagseite nach Backbord, weil uns ein amerikanischer Zerstörer in Vorschiff und Brücke getroffen hat. Zwei Kreuzer, zwei Zerstörer und ein Flugzeugträger sind eben am Horizont aufgetaucht und jagen uns. Wir haben keine Chance, den schnellen Schiffen zu entkommen, und der Befehl zur Selbstversenkung ist bereits gegeben worden: In etwa sechs Minuten werden überall an Bord Sprengladungen explodieren. Die Mannschaft ist eilig dabei, Rettungsboote zu wassern.

Auf der Brücke schreit Altstrom Befehle, will Geheimpapiere vernichten lassen, verlangt nach einem Ruderboot, auf das er während der gesamten Reise geachtet hat und das nur für ihn persönlich reserviert ist. Ich stelle mich im Durcheinander davon, taste nach meiner Pistole, die in der rechten Hosentasche steckt, und gehe langsam Richtung Vorschiff. Ich überlege: Wie komme ich aus dieser Situation heraus? Was kann ich tun? Altstrom wird es eine Freude sein, seine Drohung wahr zu machen. Noch wenige Minuten bis zur Detonation der Sprengkörper.

Als ich in einen Gang in der Nähe des Kabelgatts einbiege, laufen mir die Gefangenen entgegen, die ich exekutieren soll. Es sind ein älterer Kapitän und sein Chief, griechische Handelsmarine, die uns vor einigen Tagen von einem U-Boot übergeben wurden. Offenbar ist es ihnen gelungen, die Holztür zu ihrem Gefängnis aufzubrechen. Ich halte sie auf und beschwöre sie auf Englisch:

»Wir sinken! Sucht ein Rettungsboot! Und wichtig: Ihr habt mich nie gesehen! Versteht ihr das?«

Ich eile zurück in Richtung des Brückenhauses. Eine Explosion erschüttert das Schiff. Dann noch eine, der Versorger liegt mit mehr als 20 Grad auf der Seite. Als ich am Kommandostand ankomme, sind Altstrom und sein Erster Offizier verschwunden; den Ehrenkodex, dass ein Kapitän als Letzter von Bord geht, ignorieren sie, aber das erstaunt mich nicht. Adolf Altstrom vereinigt sämtliche Eigenschaften, die ein Kapitän nicht haben darf: Arrogant und cholerisch ist er, rechthaberisch, selbstsüchtig, feige und hinterhältig. Ein Fanatiker und ein Säufer.

Von achtern kommt ein junger Gefreiter auf mich zu, mit einem panischen Ausdruck in seinen Augen, ich kenne ihn, er kommt aus Saarbrücken. »Herr Leutnant, was soll ich tun?«, ruft er. »Ich kann nicht schwimmen!« Ich beruhige ihn, sage, er soll sich eine Überlebensweste umbinden und dann springen, denn die Besatzung eines Rettungsboots werde ihn gewiss aufnehmen. Er nickt. Als ich weggehe, knotet er sich eine Weste um.

Ich laufe nach Steuerbord, um in meine Kammer zu gelangen. Der Versorger liegt nun so stark auf der Seite, dass ich mich am Geländer entlangziehen muss, um zu meiner Tür zu gelangen. Ich greife nach einer Tabaksdose, in die ich meine Kostbarkeiten eingelötet habe, ein kleiner Schatz: Acht Perlenketten aus Japan befinden sich darin, einige Goldmünzen, Rohedelsteine und etwas Bargeld. Die Dose ist schwer, vielleicht zu schwer, und ich überlege: Zusammen mit der Pistole kann sie mich behindern, wenn ich schwimmen muss. Was lasse ich zurück? Ich werfe die Dose an die Wand. Mein Überlebenskampf hat erst begonnen. Es ist der 12. März 1944.

Zwei Jahre zuvor, in Frankreich: Weil ich passabel Französisch spreche, hatte man mich, gerade Offizier geworden, als Kurier eingesetzt, um geheimes Material zu transportieren, zuerst zur Marine-Gruppe West nach Paris, dann weiter nach Nantes und schließlich in das Seebad La Baule, wo die Einsatzleitung des Trossschiffverbandes saß. Einen schmalen Aktenkoffer, den man mir mit einer Handschelle aus Stahl ans Handgelenk kettete, sollte ich, sofern nötig, unter Einsatz meines Lebens verteidigen. Nach meinen Missionen vergnügte ich mich in den feinsten Bars von Paris, wo sich einem jungen Offizier viele Türen öffneten, schlief in La Baule in einer weißen Villa am Strand und lernte im Zug eine hübsche englische Spionin kennen. Ich bin sicher, dass sie eine Agentin war, denn Peggy Hargrave, so nannte sie sich, informierte sich nach unseren ersten Rendezvous zu auffällig nach meinem nächsten Kommando und ob ich mich nicht drum kümmern könnte, ihrem Bruder zu helfen, sobald wir Deutschen Gibraltar eroberten. Weil meine Eltern mich nicht zum Denunzianten erzogen hatten, habe ich Peggy Hargrave nicht verraten.

In Sassnitz auf Rügen absolvierte ich einen Artillerielehrgang und wurde, kaum 23 Jahre alt, zum Kompanieführer des Marinestützpunktes in Nantes ernannt. Ich sollte ganz eilig nach Nordfrankreich reisen. Warum mein Einsatz so dringend war, stellte ich fest, als ich mit meinem Seesack und zwei Koffern nachts in Nantes eintraf und man mich wenig später weckte: »Leutnant Müller, Sie sind mit sofortiger Wirkung auf ein Trossschiff in Saint-Nazaire abkommandiert!«

Im Südatlantik und Indischen Ozean operierten mehrere Hilfskreuzer und U-Boote, die auf hoher See vom Versorgungstanker *Passat* mit Brennstoff, Schmieröl, Munition und Proviant versorgt werden sollten. Ohne den Nachschub, der telegrafisch von Berlin aus koordiniert wurde, war es den Schiffen nicht möglich, den Hafen einer befreundeten Nation anzulaufen, denn der nächstgelegene Hafen befand sich in Indonesien. Fünf Tage vor ihrem Auslauftermin war die *Passat* aber während eines Bombenangriffs stark beschädigt worden; 80 Matrosen und Offiziere fanden den Tod.

Um die Versorgung in Südostasien nicht zu gefährden, rüstete man eilig ein Schiff um, das eigentlich zur Walfangflotte gehörte, 157 Meter lang, 20 Meter breit. Innerhalb von fünf Tagen pumpte man die unversehrte Ladung der *Passat* um, baute Geschütze auf und stellte eine neue Mannschaft von 96 Männern zusammen. Zwei Tage vor Auslaufen stellte man fest, dass ein Wachoffizier fehlte – daher wurde meine Berufung zur Eilsache.

Ich meldete mich bei Kapitän Altstrom auf der Brücke und wusste vom ersten Moment, als sich unsere Blicke trafen, dass es eine furchtbare Reise werden würde. »Müller, Sie sollen ja ganz gut Französisch sprechen«, meinte er mit hämischem Tonfall, »dann sollte es kein Problem sein, bis morgen früh einen Suppentopf zu finden, der groß genug ist für 96 Männer Besatzung. Abtreten!« Den Topf fand ich schnell – und machte es mir in den letzten Stunden in den Hafenkneipen von La Rochelle gemütlich.

Am 26. September 1942 liefen wir aus, mit drei anderen Blockadebrechern und einer Mission: Nach unserem Einsatz als Versorger sollten wir Rohgummi, Molybdän, Zinn, Chinin und Opium laden und nach Europa zurückkehren. Wir liefen auf einem südlichen Kurs zur spanischen Küste und fuhren zehn Seemeilen vor der Küste entlang, um den englischen Fernbombern zu entgehen. Eingeteilt hatte man uns in drei Wachen; ich fuhr das Schiff von acht bis zwölf und von 20.00 Uhr bis Mitternacht. Jeder an Bord ging Ausguck, auf der Sailing im Mast oder auf dem Peildeck. Es galt, ein feindliches Schiff rechtzeitig zu erkennen, um den Kurs ändern zu können.

An der Nordwestecke der spanischen Küste schien die Sonne aus einem wolkenlosen Himmel; die Sicht war gut, nur ins gleißende Licht konnten wir unsere Gläser nicht halten. Plötzlich: Explosionen neben dem Schiff! Lärm, der in den Ohren schmerzte, Bombenangriff! Der englische Pilot hatte uns geschickt mit der Sonne im Heck angegriffen und drehte ab, um eine neue Attacke zu starten. »Geschütze besetzen! Feuer!«, hallte es über das Deck, doch man sah, dass wir den Langstreckenbomber deutlich verfehlten. Ich erkannte als Artillerieoffizier den Grund und rannte nach achtern, hinter den Schornstein, wo die 10,5-Zentimeter-Kanone stand.

»Ihr schießt zu flach! Schneller mitdrehen und vor die Schnauze halten«, schrie ich die Männer an. Sie sahen mich an. Mit der nächsten Salve beherzigten sie meinen Rat – und trafen den Bomber. In einer gewaltigen Feuerkugel zerriss das Flugzeug, Trümmerteile regneten aufs Wasser. Die Besatzung, sieben Mann, hatte keine Chance, zu überleben. Es sollte das einzige Mal sein, dass ich auf Menschen schoss. Wir änderten vorsichtshalber den Kurs.

Mein gereiztes Verhältnis zu Altstrom sollte sich durch den Treffer leicht verbessern, zumindest bis zu jener Nacht, als ich ihn buchstäblich nass machte. Während einer meiner Wachen, es war etwa eine halbe Stunde bis zum Wechsel, überkam mich ein dringendes Bedürfnis. Ich bat um eine kurze Ablösung, doch Altstrom, der solche Gelegenheiten für seine kleinen Gemeinheiten nutzte, ließ ausrichten, ich solle meine Wache gefälligst zu Ende bringen. Eine halbe Stunde konnte ich aber unmöglich aushalten und entschied mich, ein Deck höher, aufs Peildeck, zu gehen, von wo aus ich die Lage ebenso gut im Griff hatte. Es war eine mondlose, finstere Nacht, wir fuhren abgedunkelt durchs weite Schwarz und ich trat in Leeseite ans Geländer, um mich zu erleichtern.

Da bemerke ich einen Schatten, eine Gestalt? Ich höre einen Aufschrei: »Müller! Verflucht noch mal!« Ich hatte Altstrom, der mir hinterherspioniert hatte, auf den Kopf gepinkelt! Er tobte vor Wut, stieß Flüche und Verwünschungen aus und verschwand in seiner Kabine. Nun war endgültig klar, dass wir keine Freunde mehr werden würden.

Je näher wir dem Äquator kamen, desto schlechter wurde die Stimmung. An Deck lebte eine Herde Hammel, die wir den Hilfskreuzern als Frischfleisch übergeben sollten. Doch die Tiere blähten seltsam auf, wurden mit jedem Tag dicker und verendeten. Fortan stand von morgens bis abends Hammel auf dem Speiseplan, was uns, weil die Todesursache nicht geklärt war, nicht schmecken wollte. Ich bekomme seit jenen Tagen keinen Bissen Lammfleisch mehr runter. Auch die Hitze der Tropen setzte uns zu, betrug wegen der geschlossenen Schotten mehr als 40 Grad, und wir schwitzten in den Nächten. Eine Kakerlakenplage wurde immer schlimmer. In der Kombüse glich die Decke einem bräunlichen Gewimmel und man musste aufpassen, dass einem die Insekten nicht in die Teller fielen. Nachts krabbelten die Kakerlaken in die Kojen, verbissen sich in der Haut, und wenn dann der Schweiß auf die Stellen rann, brannte es furchtbar.

Auf einem Kurs, der jede bekannte Route vermied, mogelten wir uns durch den südlichen Atlantik und liefen in den Indischen Ozean. Die Einsatzleitung in Berlin teilte uns die Position mit, an der wir dann den Hilfskreuzer *Michel* trafen. Es dauerte, bis das Dieselöl durch eine verstärkte Pipeline aus Gummi übergepumpt war und wir in etlichen Fahrten in einem kleinen Beiboot Proviant, Munition und Bücher hinübergebracht hatten. Ich freute mich über die Abwechslung und genoss die Stunden auf der *Michel*, einem sauberen,

tadellos geführten Schiff, auf dem ein freundliches, respekt-
volles Arbeitsklima herrschte. Dankbar folgte ich der Bitte
des Kommandanten, für zwei Tage den Ausguck zu verstär-
ken. Ich hätte auch die Toiletten geschrubbt, um Altstrom,
seinem Kasernenhofton und den Kakerlaken zu entkommen.

70 Tage waren wir auf See, als wir die Hafeneinfahrt von Jakarta erreichten. Mit Glück, denn wir entkamen feindlichen
U-Booten in der Sunda-Straße und liefen auf keine japanische
Mine. Der Abendwind wehte den Geruch von Land herüber,
wir glaubten, Musik und Gelächter zu hören, wir freuten uns
auf ein Bier und etwas Vergnügen. Doch der Alte verbot uns
den Landgang. Stattdessen ließ er sich mit seinem Ersten Offizier übersetzen. Stunden später kamen die beiden Vorzeige-
seeleute so volltrunken, dass man sie stützen musste, an Bord
zurück. Wir verwünschten sie.
    Einige Wochen später, im Dezember 1942, liefen wir im
Zickzackkurs durchs Südchinesische Meer, als eine schwere Detonation unvermittelt das Schiff erschütterte. Ich hatte
Wache und sah, wie zwei Körper vom Vordeck bis hoch zur
Mastspitze flogen und aufs Deck prallten. Ich schrie: »Voll-
treffer! Steuerbord, vorne!«, doch wir bemerkten keinen
Wassereinbruch und es schien auch kein U-Boot in der Nähe
zu sein. Was war geschehen? Drei Männer hatten den Auftrag, einen Seitentank an Steuerbordseite aufzuklaren, und
sich trotz des Rauchverbots eine Zigarette angesteckt. Neben
einem großen Weinfass, das Gase verströmte. Drei Tote be-
trauerten wir, darunter ein Kammerjunge.
    Während des nächsten Jahres warteten wir auf den Befehl,
nach Frankreich zurückzulaufen, doch daraus wurde nichts.
Wir pendelten zwischen Manila, Yokohama, Kobe, Singapur und Jakarta hin und her und versorgten U-Boote in der
»Operation Monsun«; nur noch fünf der neun entsandten
Boote schafften es in den Indischen Ozean und auch mehrere Hilfskreuzer, die wir beliefern sollten, wurden versenkt.

47

Die ständige Furcht, das nächste Ziel in einem Krieg zu sein, den wir nicht mehr gewinnen konnten, wurde zur Routine.

»Genießt den Krieg, der Frieden wird fürchterlich.« Dieser Spruch klingt makaber, aber er war unser Motto, wenn wir durch die Nachtclubs von Singapur zogen, durch die Tanzsäle »Great World« oder »New World«. In einer langen Stuhlreihe warteten hübsche Chinesinnen darauf, zum Tanz aufgefordert zu werden, mit einem der Tickets, die man im Dutzendpack am Eingang erwarb. Ich lernte eine reizende junge Frau kennen, die mich nach Feierabend mit nach Hause nahm. Auch am nächsten Abend tanzte sie nur mit mir, obwohl ich keinen gültigen Schein mehr besaß. In dieser Nacht eröffnete sie mir: »Ich habe mich in dich verliebt. Ich habe viele Freunde und du kannst hier untertauchen. Gib mir deine Uniform. Für dich ist der Krieg vorbei!«

Ich dachte über das Angebot nach, denn die Überlebenschancen auf See wurden mit jeder Ausfahrt geringer und mir gefiel Ostasien. Doch fahnenflüchtig mochte ich nicht werden. Mein Ziel war es, eines Tages Kapitän zu sein. Um kein niederschmetterndes »Nein!« in den Raum zu stellen, antwortete ich: »Ich habe noch einige Wertsachen an Bord. Beim nächsten Landgang bringe ich sie mit, dann sehen wir uns wieder.« Um das Tanzlokal »Great World« habe ich in den nächsten Tagen einen weiten Bogen gemacht.

Am 26. Februar 1944 verließen wir Singapur und fuhren weit nach Süden. Die See war aufgewühlt von einem Frühjahrsmonsun; wir tauschten die leichte Kleidung der Tropen gegen schweres Ölzeug. Das Schiff rollte in den Wellen und der Regen prasselte auf uns nieder. Unter Lebensgefahr belieferten wir in der Nacht des 11. März drei U-Boote mit Treibstoff, Schmieröl und Proviant. Wen hatte Kapitän Altstrom für die riskanten Manöver auf dem Verkehrsboot eingeteilt? Natürlich mich, seinen Lieblingsoffizier.

»Flugboot!« Es war Mittag, als wir einen Späher des alliierten Flottenverbandes sichteten, der sich im sicheren Abstand zu unseren Geschützen hielt. Unser Funker meldete regen Verkehr: Er hatte uns gemeldet! Eines der drei U-Boote, das wir bereits versorgt hatten, tauchte sofort ab; ein anderes blieb in der Nähe, um einen Angriff zu bekämpfen, und U-168 von Kapitänleutnant Helmuth Pich musste noch Schmieröl aufnehmen. Über Funk verabredeten wir, uns 120 Seemeilen entfernt südöstlich wieder zu treffen. Das Mittagessen, das wir in der Offiziersmesse einnahmen, erschien uns wie eine Henkersmahlzeit. Am späten Nachmittag kam eine Kampfgruppe in Sicht.

Ich renne nach Backbord und überlege, sofort über die Reling zu springen, stoppe aber ab. Und sehe erstaunt: Ein Rettungsboot, vollbesetzt mit Männern, hängt noch in der Vorleine.

»Was macht ihr denn noch hier? Jeden Augenblick geht die Sprengladung hoch!«, schreie ich hinunter.

»Ja, wissen wir, aber das ist doch Ihr Boot und wir haben auf Sie gewartet«, ruft jemand zurück.

Ich lasse mich am Manntau herab, kappe die Leine und rufe: »Legt euch in die Riemen!« Andere Rettungsboote sind nicht zu erkennen. Unser Schiff, das noch immer mit ganz langsamer Fahrt läuft, ist etwa 20 Meter entfernt, als eine große Sprengladung im Maschinenraum explodiert. Das Maschinen-Oberlicht steigt fast senkrecht auf in den Himmel und für einen Moment sieht es aus, als treffe es unser Rettungsboot, doch dann knallt das tonnenschwere Teil dicht neben uns ins Meer.

Vor unseren Augen versinkt der Versorger mit einem stöhnenden Geräusch, das Letzte, was wir sehen, ist seine Schraube, die sich langsam in der Luft dreht. »Klar bei Riemen«, befehle ich. Wir müssen uns mit einem der anderen Rettungsboote zusammenbinden, damit wir während der Nacht nicht weit auseinandertreiben. In den Wellenkämmen sind sie manchmal für einen kurzen Moment zu sehen. Während wir die Meeresoberfläche absuchen, sehen wir, dass eine Bahn aus Luftblasen auf uns zukommt. Eine Bahn aus Luftblasen?

Das ist ein Torpedo!

Es bleibt keine Zeit, sich zu erschrecken, denn nach Sekunden ist der Torpedo unter unserem Boot durchgelaufen, genau in die Richtung, in der gerade eben unser Schiff versank. Maschinenlärm erfüllt die Luft – ein Kampfflugzeug stößt auf uns herab und schießt mehrere Salven. Wasserfontänen spritzen dicht neben uns auf, doch der Schütze verfehlt und dreht ab. Niemand spricht ein Wort. Reines Entsetzen. Schockstarre. Dass wir noch leben, ist ein seltsamer Zufall. Ich glaube seit jenen Stunden nicht mehr an Zufälle, ich glaube nur noch an das Schicksal und die Fügung.

In der Dämmerung rudern wir in Richtung der anderen Schiffbrüchigen. Ich bemerke zwei Aktentaschen, die in unserem Boot liegen. »Wem gehören die?«, frage ich. »Kapitän Altstrom hat sie hereingeworfen«, ist die Antwort. Dieser Feigling hat also nicht nur als einer der Ersten das Schiff verlassen, sondern auch seine Habseligkeiten gerettet. Ich spüre kalten Zorn und will die Taschen dem Meer übergeben, als dicht neben uns, vielleicht 50 Meter entfernt, der Turm eines U-Boots aus dem Wasser bricht. *U-168*, das Boot von Kaleu Pich! Die Männer jubeln und rudern hinüber, so schnell es geht. Mit dem Schwell lassen wir uns auf das Oberdeck tragen, Hände strecken sich uns entgegen. Wir steigen ein.

Ich bitte den Kommandanten, aufs Podest zum Seerohr steigen zu dürfen, denn ich weiß, wie viele Rettungsboote treiben und wo sie im diffusen Licht ungefähr zu finden sind. Ein Rettungsboot nach dem anderen steuern wir an und nehmen die Überlebenden auf; unten in der Zentrale nimmt sie der Chief in Empfang und verteilt sie im Boot. Als ich nach unten klettere, ist kaum noch ein Platz frei. Ich finde eine winzige Ecke in der Offiziersmesse. 90 Männer haben überlebt, sechs sind tot oder verschollen. Einer der Griechen, die ich erschießen sollte, hat es geschafft, wie ich erfreut sehe; der junge Gefreite, der sich die Rettungsweste umband, leider nicht.

U-168 ist überladen, aber Kaleu Pich lehnt das Angebot eines anderen U-Bootes ab, die Hälfte der Schiffbrüchigen zu übernehmen. »Wir laufen nach Jakarta«, ruft er hinüber und gibt Order, volle Kraft voraus zu laufen, Kurs Sunda-Straße. Mit 16 Knoten fahren wir durch die Nacht. Ich fühle mich noch betäubt von dem, was in den letzten Stunden geschehen ist. Die Ruhe soll nur eine halbe Stunde dauern.

Zwei Raketenbomben zischen über das Boot und explodieren, Motorenlärm eines Kampfflugzeugs erfüllt die Stahlröhre, gebrüllte Befehle: »Alarm, Feuer frei!«, dann ist das Knattern des Abwehrgeschützes zu hören. Der Angreifer fliegt eine Kurve. Alarmtauchen! Wir gleiten hinab in die Tiefe, neben uns detonieren Wasserbomben. Dann ist Stille.

»Boot bei 60 Meter halten«, befiehlt der Kommandant. Ich kauere in einer Ecke, direkt neben der Zentrale und kann jedes Wort mithören. Der Mann am Tiefenruder meldet: »30 Meter ... 50 Meter ... 70 Meter ... 90 Meter ...« Pich schreit: »Ich sagte, bei 60 Meter halten, verflucht!«, doch das Boot rast hinab in die Tiefe, wie ein Fahrstuhl, der nicht zu bremsen ist. Nun sind es mehr als 100 Meter, mehr als 120 (die kritische Marke, für die das Boot maximal konzipiert ist), 140 Meter. Bei 160 Meter kommt die Meldung: »Boot steht!«

Niemand rührt sich, niemand wagt es, zu atmen, ich höre, wie mein Herz schlägt. Die Verbände des Boots knacken und knirschen und an mehreren Stellen dringt Wasser zischend ein. »Wenigstens geht jetzt alles schnell vorbei«, denke ich. Kaleu Pich und seine Offiziere aber bleiben anscheinend gelassen, und nach einer Weile meldet sich der Kommandant: »An alle: Es wird eine Zeit dauern, bis wir wieder auftauchen können. Niemand bewegt sich. Jeder bleibt sitzen oder liegen, wo er gerade ist. Wir dürfen Sauerstoff nicht unnötig verbrauchen.«

Jeder ist mit sich und seinen Gedanken alleine, aber viel geht einem gar nicht durch den Kopf. Zeitlos verrinnen die

51

Stunden. Ich erfahre, dass Kapitän Altstrom gerettet wurde und nach den Strapazen krank und erschöpft darniederliegt. Nach sechs Stunden ist nicht mal mehr kurzes Flüstern erlaubt: »Maul halten!« Zu viele Männer verbrauchen Luft und dass einige Sauerstoffkapseln geöffnet werden, bringt keine Erleichterung. Es ist stickig, es stinkt, die Luft ist feucht und man spürt, dass sie die Lunge wie nasse Watte füllt. Keuchende Geräusche sind überall in der Röhre zu hören und es fällt in manchen Momenten schwer, eine aufsteigende Panik zu unterdrücken. Ich bekomme mit, dass der Chief die Trimmverhältnisse neu berechnet. Lange Stunden vergehen, gelegentlich dämmere ich ein. Dann, nach 28 Stunden in der Tiefe, flüstert der Chief: »Wir sollten es versuchen.« Der Kaleu meldet sich über die Bordlautsprecher und gibt durch, dass wir nun versuchen, aufzutauchen. In der Hoffnung, dass die Jäger ihre Suche nach uns aufgegeben haben. »Anblasen! Ruder leicht nach oben und Maschine langsame Fahrt voraus!« Der Mann am Tiefenruder gibt den Stand an und diesmal klingen seine Zahlenangaben wie ein schönes Gedicht: »50 Meter ... 40 Meter ... 20 Meter ...« Die letzte Strecke schießt das Boot wie ein Korken nach oben. Hastig öffnet man das Turmluk und es gibt einen lauten Knall, als sich die verbrauchte Luft mit dem Sauerstoff vermischt. Keine feindlichen Schiffe sind zu sehen, wir atmen durch. Nie wieder wird Seeluft so frisch riechen.

Kommandant Pich, ein junger Mann mit einem weichen Gesicht, der auch als Hollywood-Schauspieler durchginge, tritt an mich heran. Der Obersteuermann ist krank geworden – ob ich ihn vertreten und seine Wache übernehmen mag? Ich willige freudig ein, denn das bedeutet, dass ich mich oben im Turm in der frischen Luft bewegen kann. Außerdem hilft mir die neue Aufgabe in einer heiklen Situation, denn als das Scheusal Altstrom wieder zu Kräften kommt und den Kriegsgefangenen an Bord entdeckt, schießt er wütend auf mich zu. Er will mit seiner Anklage beginnen, er will mir mit dem Führerbefehl kommen, doch ich herrsche ihn an: »Alt-strom, sparen Sie sich das: Ich habe die beiden Gefangenen nicht mehr gesehen. Und außerdem unterstehe ich ab sofort dem Kommando von Kaleu Pich.« Altstroms Pferdegesicht wird blass vor Zorn, aber er weiß, dass er nichts gegen mich unternehmen kann. Ich bin ihm entkommen.

Nach einigen Tagen wird das Schmieröl knapp und man meldet feindliche U-Boote in der Gegend; Pich gibt den Be-fehl, dass alle Männer, außer der Wache, die Nacht auf dem Oberdeck verbringen müssen. »Wenn wir tauchen müssen, könnt ihr schwimmen«, sagt er lapidar. Die Java-See ist glatt wie ein Planschbecken, es ist absolut windstill und man sieht, wie sich die Sterne im Wasser spiegeln. Wir schaffen es nach Jakarta.

In Gruppen erkunden wir die Stadt, sehen uns nach Mäd-chen um und organisieren nächtliche Rennen auf Dreirädern durch die Straßen. Es ist alles seltsam unbeschwert, als woll-ten wir verdrängen, was geschah. Ich suche eine Wahrsagerin auf, eine alte Dame, die mir in einem dunklen Hinterzim-mer die Karten legt. Sie prophezeit: »Du wirst nach Osten gehen, du wirst eines Tages nach Hause zurückkehren ... Du wirst viel Schönes erleben ... aber auch viele Gefahren über-stehen müssen.«

Als ich einige Tage später höre, dass ich wegen meiner Fremdsprachenkenntnisse der Kriegsmarine in Jakarta unter-stellt werde, bin ich enttäuscht. Ich möchte gerne auf *U-168* bleiben. Die Versetzung aber rettet mir das Leben, denn das Boot wird wenig später versenkt. Ich werde zu einem neu-en Stützpunkt auf Surabaya abkommandiert, überlebe das Kriegsende und die Revolution der Indonesier, überstehe mehrere Wochen auf einer niederländischen Quarantänein-sel vor Jakarta und kehre nach fünf Jahren Krieg und Ge-fangenschaft nach Deutschland zurück. Wie es mir die alte Wahrsagerin prophezeit hat.

....

Kapitän Hans Rudolf Müller, Jahrgang 1919, wuchs als Sohn einer Gastronomenfamilie in Neunkirchen / Saar auf. Er las Abenteuerliteratur und lernte den legendären Seeoffizier Felix Graf von Luckner kennen. So entstand sein Wunsch, Seemann zu werden. 1949, als er aus der Kriegsgefangenschaft zurückkehrte, erkrankte Müller schwer, die Ärzte prophezeiten ihm eine Lebenserwartung von maximal acht Jahren, doch er erholte sich. 1958 machte er sein Kapitänspatent, fuhr Passagiere und Bananen und leitete bis zu seiner Pensionierung das Deutsche Hydrographische Institut, Dienststelle Bremerhaven.

⁴ ORKANFAHRT

....

»Die Sturmgeschichte schlechthin. Windstärke 12. Kein Wunder, dass sie von Hollywood verfilmt wurde. Mittendrin dieser kleine Frachter und ein Kapitän aus Hamburg. Dies hier ist großes Kino aus der Wirklichkeit.« *~ Axel Prahl*

....

41° 08' N / 57° 49' W
IM AUGE VON HURRIKAN »GRACE«, NORDATLANTIK
»MS SVEA PACIFIC«
30. OKTOBER 1991

Die »Svea Pacific« gerät in den Hurrikan »Grace«. Mitten im Auge des schlimmsten Sturms seit Beginn der Wetteraufzeichnungen fällt die Ruderanlage des Frachters aus. 20 Meter hohe Wellen rollen auf das Schiff zu. Kapitän EMIL FEITH berichtet über die längsten Minuten seines Lebens.

Wer so lange zur See gefahren ist wie ich, erkennt einen Sturm an seinem Klang. Bis 9 Beaufort ist es ein Brüllen, ab 11 Beaufort ein Stöhnen. Je stärker ein Sturm, desto tiefer seine Stimme, das ist die Regel. Was ich jetzt auf der Brücke der *Svea Pacific* höre, macht mir Sorgen. Von draußen dringt ein schwingender Ton herein, ein dumpfes Brummen, wie von einer gewaltigen Orgel.

Der Nordatlantik ist so aufgepeitscht, dass man vor der Scheibe nur noch eine graue Wand sieht. Gewaltige Brecher krachen aufs Deck, das Schiff erzittert unter jedem Schlag, arbeitet schwer in seinen Verbänden. Der Stahl schreit regelrecht, wie ich es noch nie in meinem Leben gehört habe.

Manche Wellen sind 20 Meter hoch, sie heben und senken die *Svea Pacific*, einen Massengutfrachter von 2509 Bruttoregistertonnen, 88 Meter lang, 15,5 Meter breit, wie ein Spielzeug. »Herr Kapitän, gehen Sie bitte schnell in den Salon«, ruft der Erste Offizier, der gerade auf die Brücke kommt. Ich übertrage ihm das Kommando und nehme die Treppe. Der Salon liegt ein Deck tiefer, darin ein Konferenztisch, Metallstühle, die in den Boden geschraubt sind, ein Fernseher, die Wände sind mit braunem Resopal getäfelt.

Vor den Fenstern hat sich die Mannschaft versammelt und starrt hinaus, obwohl es nichts zu sehen gibt. 13 Mann, alle stammen von den Philippinen. Sie tragen Rettungswesten. Ihre Gesichter sind bleich vor Angst, einige wirken abwesend, wie betäubt. Der Zweite Offizier, er heißt Garcia, zeigt keine Reaktion, als ich ihm meine rechte Hand auf die Schulter lege. Sie fürchten um ihr Leben, und damit liegen sie nicht einmal falsch. Ich bin auch nicht sicher, ob wir die nächsten Stunden überleben werden.

Da fällt mir eine Kassette ein, die mir meine Frau Siggi mitgegeben hat: Country-Musik, die höre ich so gerne, Johnny Cash. Ich drehe die Musik so laut auf, wie es nur geht. Johnny Cash singt:

How high's the water, mama?
Two feet high and risin'
How high's the water, papa?
Two feet high and risin'

Ich pfeife dazu die Melodie, als liefen wir an einem Sommertag durch ruhige See und nicht mitten durch die Vereinigung eines furchtbaren Tiefdruckgebiets mit dem Hurrikan »Grace« – eine Konstellation, die manche Meteorologen später »Monsterorkan« oder »Jahrhundertsturm« nennen werden. Sogar Hollywood hat einen Film darüber gedreht, »Der Sturm« mit George Clooney in der Hauptrolle; sehr realistisch übrigens, ich habe mir das auf Video angesehen.

»Ach was Männer, stellt euch nicht so an«, brumme ich und versuche, so gleichgültig wie möglich zu klingen, »ihr müsst erst mal im Winter durch die Biskaya fahren, da habt ihr jeden Tag so ein Wetter!«

In dem Moment kommt der Erste Ingenieur Thode herein – ohne Rettungsweste, wie ich erleichtert feststelle – und nickt mir zu. Er fragt auf Deutsch: »Käpten, mal ehrlich, meinen Sie, dass wir es schaffen?« Chief Thode ist groß und stämmig gebaut, mit einem dichten Vollbart im Gesicht, er sieht aus wie der kleine Bruder eines Grizzlybären. Er fragt und grinst dabei, als habe er gerade einen schmutzigen Witz erzählt, denn die Mannschaft darf bloß nichts mitbekommen. Eine Panik ist das Letzte, was wir jetzt gebrauchen können.

Ich lächle zurück: »Chief, sieht nicht gut aus.«

Thode dankt, dann sagt er auf Englisch zur Crew: »Der Kapitän hat Recht, in der Biskaya ist es noch schlimmer.« Dann grinsen wir beide um die Wette. In Hollywood hätte das Clooney auch nicht besser hingekriegt.

Als Kapitän muss man manchmal Schauspieler sein, das gehört zum Beruf. Meine wahren Gefühle darf ich nicht zeigen: Ungewissheit, Zweifel, davon soll keiner etwas merken. Um es ganz klar zu sagen: Ich glaube von Minute zu Minute weniger daran, dass wir diesen Sturm überstehen.

Seit dem 19. Oktober 1991 sind wir nun auf See, ausgelaufen von Houston in Texas, mit 3393 Tonnen Baustahl an Bord. T-Träger für Liverpool, ein Hochhaus soll damit gebaut werden. Bis hinauf zur Lukenabdeckung sind die Laderäume gestaut, zum Glück. Denn egal, wie stark sich das Schiff auf die Seite legt, die Ladung kann nicht kippen, nicht »übergehen«, wie man in der Seefahrersprache sagt.

Nach einer Woche erreicht uns die Nachricht, dass sich der Hurrikan »Grace« hinter uns mit hoher Geschwindigkeit nähert. Mit voller Kraft laufen wir vor ihm her, verfolgt von seinen Wellen, als unser Funker am Morgen des 27. Oktober noch ein gewaltiges Sturmtief meldet. Es vergrößert sich nahe Neufundland und bewegt sich mit 33 Knoten nach Südwesten. Den Berechnungen nach würde es zwar unseren Kurs kreuzen, aber ein ganzes Stück vor uns durchziehen.

28. Oktober, 6 Uhr. Alles anders, als Wetterbericht und Berechnungen versprochen hatten. Das Sturmtief nähert sich viel langsamer, mit einer Geschwindigkeit von nur noch fünf Knoten in der Stunde. Eine erschreckende Nachricht: Wir laufen also mitten hinein in den gewaltigen Sturm.

Mein ganzes Leben fahre ich zur See, seit 1952, da war ich 16. Als Kapitän habe ich Schiffe jeder Größe befehligt. Vor Monrovia wurde mein Frachter einmal von Piraten überfallen, in Madagaskar gerieten wir mitten in eine Revolution; im Hafen von Lagos habe ich mehrere Leichen vorbeitreiben sehen. Einmal hat mich ein Taifun erwischt, Kurs Honolulu, und zwar so heftig, dass sich die chinesische Mannschaft vor Panik in ihren Kabinen einschloss. 24 Stunden bevor die Taifun-Warnung der Wetterberatung eintraf, hatte ich aus einem komischen Gefühl heraus den Kurs um 180 Grad geändert. In der modernen Seefahrt werden die Schiffe – ähnlich wie Flugzeuge in der Luftüberwachung – von Seewetterämtern über die Meere gelotst, die Reedereien geben dafür viel Geld aus. In unserem Fall aber kam die Warnung viel zu spät, und ohne den radikalen Kurswechsel wären wir verloren gewesen.

Mich kann so schnell nichts beunruhigen, aber als ich den Wetterbericht studiere, zieht es mir den Magen zusammen.

28. Oktober, 14 Uhr. Der Sturm schickt seine ersten Boten, die Dünung nimmt stetig zu. Unser Schiff beginnt stark zu rollen, 20 Grad nach Backbord, 20 Grad nach Steuerbord. Die *Svea Pacific* ist ein solides Schiff, das alles laden kann: Erz, Stahl, Container. Aber sie ist Baujahr 1980, was für einen Bulkcarrier, der stark beansprucht wird, ziemlich alt ist. Obendrein ist sie reif für die Werft; die Luken sind nicht mehr ganz dicht.

Ich gebe Anweisungen, das Schiff für den Sturm klarzumachen. Alle Bullaugen werden geschlossen, was noch an Deck, in der Küche oder der Messe herumliegt, wird verstaut. Der Maschinenraum wird abgeschlossen; ab sofort darf ihn nur noch der Chief betreten. Man nennt das »wachfreien Betrieb«, die Maschine wird dann von der Brücke aus gefahren. Am Abend brist der Wind aus südwestlicher Richtung auf, Windstärke acht, zunehmend. Die Wellen sind bereits an die acht Meter hoch. Ich lasse die Deckbeleuchtung einschalten und die ganze Nacht brennen, um im Schadensfall sofort reagieren zu können.

29. Oktober, 12 Uhr. Schwerer Sturm, mindestens 11 Beaufort. Das Barometer fällt weiter, unter 1000 Millibar, was bedeutet, dass der Orkan an Stärke weiter zunehmen wird. Schwere Brecher schlagen von steuerbord über das Deck und die Luken, ich muss den bisherigen Kurs aufgeben und beidrehen. Wir laufen jetzt frontal gegen die Wellen, mit einer Geschwindigkeit, die so weit reduziert ist, dass die *Svea Pacific* gerade noch steuerfähig bleibt: Man legt sich mit dem Bug in den Wind und bietet möglichst wenig Angriffsfläche, wie ein Pfeil. Den Sturm »abreiten« nennt man das.

Am Nachmittag messen wir Orkanstärke 12, nun ist es, als fahre man durch einen Suppenkessel. Die Wellen kommen in merkwürdig kurzen Abständen; je kürzer die Periode ist, desto größer auch die Wahrscheinlichkeit, dass sie brechen. Sie prügeln auf uns ein wie Fäuste aus Wasser. Der Ozean spielt mit uns, wirft uns hin und her, so geht das in den Abend und weiter, die ganze Nacht.

Jeder, der nicht auf der Brücke seinen Dienst verrichtet, hält sich in diesen Stunden irgendwo fest; man versucht, sich gegenseitig Mut zu machen. Es ist auch ein Nervenspiel. Normale Mahlzeiten werden nicht mehr eingenommen, der Smutje öffnet ein paar Konservendosen, Fisch, Ananas, Corned Beef, solche Sachen. Als Kapitän ist man sowieso die ganze Zeit auf der Brücke. Ich trinke Kaffee, kannenweise Kaffee, und knabbere einen Schokoladenriegel nach dem anderen, das gibt Energie und beruhigt die Nerven.

30. Oktober, gegen 11 Uhr, Position 41° Nord und 57° West: Das Barometer ist auf 985 Millibar gefallen, seit Stunden Windstärke 12, weiter zunehmend. Ich frage mich, wie lange die *Svea Pacific* das noch aushält, denn durch die Stahlladung

ist das Schiff »steif«, was bedeutet, dass sich die Stahlhülle nicht verformen kann. Eigentlich ist es nur eine Frage der Zeit, bis Risse entstehen. Ich denke gerade wieder darüber nach, da bemerke ich, dass wir deutlich Schlagseite nach backbord haben.

Ein Riss?

Oder ein Leck?

In jedem Fall ein Albtraum, und der Erste Offizier Monongson und Bootsmann Quiros machen sich bereit, an Deck zu prüfen, wie viel Wasser sich schon im Inneren der *Svea Pacific* gesammelt hat. Monongson ist mein Stellvertreter, Quiros das ranghöchste Mitglied der Mannschaft, deshalb fällt die Wahl auf die beiden.

Sie seilen sich für ihre Expedition nach draußen an. Für die Peilung müssen sie einen Stab, der mit Kreide überzogen ist, durch Rohre in die Ballasttanks zwischen Bordwand und Laderäumen hinablassen. Die Tanks sind dafür konzipiert, dass man sie je nach Ladung fluten kann, um das Gewicht auszugleichen; die *Svea Pacific* verfügt also über zwei Hüllen.

Das Schiff rollt so stark, dass es beinahe unmöglich ist, Halt zu finden; eine Welle kann die Männer jeden Moment erfassen, sie an der Reling erschlagen oder gegen einen Aufbau schmettern. Die Sicht: gleich null. Wind und Gischt nehmen einem den Atem. Jemanden bei diesem Wetter an Deck zu wissen, ist so ziemlich das Schlimmste, was es für einen Kapitän gibt.

Wir sehen sie nur schemenhaft. Minuten vergehen. Dann geben sie ein Zeichen, man zieht sie an der Sicherheitsleine ins Schiffsinnere zurück. Mit fürchterlichen Neuigkeiten: Wir haben tatsächlich ein Leck, backbord an der Bordwand, vermutlich unterhalb der Wasserlinie. Mehr als 900 Tonnen Wasser, das errechne ich rasch anhand einer Tabelle, sind bereits in die Ballasttanks eingedrungen.

Ich rufe Chief Thode im Maschinenraum und lasse die zwei Pumpen in den Tanks anwerfen. Wir warten. Minuten später ist klar, dass es die Pumpen schaffen, den Pegel zumindest konstant zu halten. Sonst wären wir bereits gesunken.

30. Oktober, 14 Uhr. Der Sturm flaut ganz plötzlich ab. Von einer Minute auf die andere ist es beinahe windstill, eine unheimliche Atmosphäre. Die Wellen türmen sich noch immer hoch wie Häuser, aber sie sind nur leicht gekräuselt. Tausende Seevögel schwimmen auf dem Wasser, Gänse, Möwen, ihre Schreie sind auf der Brücke zu hören, der Himmel schimmert grau und dunstig; diffuses Licht, als befänden wir uns unter einer Kuppel aus Milchglas.

Wir sind im Auge des Orkans.

Eine erneute Peilung ergibt, dass die Laderäume noch immer fast trocken sind, eine gute Nachricht. Nach meiner Berechnung können wir noch maximal 150 Tonnen Wasser aufnehmen, dann sind wir zu schwer.

Etwa eine Stunde fahren wir mit voller Maschinenkraft weiter, dann ist der Sturm wieder da, beinahe mit einem Schlag, als habe man ein gewaltiges Gebläse auf volle Kraft gestellt. Wir sind zurück im Inferno, der Wind brüllt aus nordöstlicher bis südsüdwestlicher Richtung, die Wellen türmen sich mehr als 20 Meter hoch. Hoffentlich halten die Pumpen durch.

Mühsam muss ich immer wieder beidrehen lassen, wenn die *Svea Pacific* von den Wellen abgedrängt wird. Der Rudergänger klammert sich ans Steuer, das an das eines Flugzeugs erinnert; für alle an Bord ist es anstrengend, sich die ganze Zeit irgendwo festzuhalten, um nicht quer durch den Raum geschleudert zu werden.

15.45 Uhr. Wir empfangen ein SOS. Ein Frachter in Seenot, ein 9000-Tonnen-Schiff, mehr als doppelt so groß wie die *Svea Pacific*. Eine Welle hat die Brücke eingeschlagen. Nach dem Seerecht ist jedes Schiff dazu verpflichtet, sofort zu reagieren. Es sei denn, man ist gerade mit dem eigenen Überleben beschäftigt. Niemand antwortet auf das Mayday, und auch wir können nicht helfen.

30. Oktober, 16.03 Uhr, ich erinnere mich genau an die Uhrzeit. Chief Thode erscheint auf der Brücke, sein Gesicht ist fahl, glänzt vor Schweiß. Er flüstert: »Kapitän, die Rudermaschine verliert Öl. Viel Öl. Wir müssen stoppen.«

»Stoppen? Dann saufen wir ab!«, rufe ich.

»Die Maschine läuft schon heiß. Ich muss auf die Reservemaschine umschalten.«

»Wie lange dauert das?«

»Etwa zehn Minuten.«

Zehn Minuten sollen wir also manövrierunfähig sein, hilflos im schlimmsten Sturm seit Beginn der Wetteraufzeichnung, mitten auf dem Nordatlantik. Wenn die *Svea Pacific* quer zur See treibt, sind wir der vollen Kraft der brechenden Wellen ausgesetzt. Selbst Supertanker geraten in einer solchen Situation in ernste Schwierigkeiten. Ein Teil des Decks oder die Luken werden aufgeschlagen, das Schiff läuft in kürzester Zeit voll.

Aber welche Wahl haben wir noch?

»Okay Chief, versuchen Sie es.«

Er nickt und eilt zum Maschinenraum. Was nun folgt, sind die längsten Minuten meines Lebens. Angst? Empfinde ich nicht, ganz ehrlich nicht. Ich will jetzt nicht angeberisch klingen, aber Angst hatte ich noch nie in meinem Leben. Das muss ein Genfehler sein. Ich saß zum Beispiel mal in einer *Boeing 747* auf dem Weg von Addis Abeba nach Rom, als das Flugzeug stark an Höhe verlor, als stürze es ab. Panik brach aus, nur der Erste Offizier der damaligen Reise, der neben mir saß, blieb auch ganz ruhig. Wir haben uns angesehen und schnell eine Flasche *Chivas Regal* geöffnet, aus dem Duty Free. Während alle um uns herum weinten und schrien, leerten wir die Flasche mit großen Schlucken.

Die Minuten vergehen so langsam, als sei die Zeit verklebt. Ich denke an nichts, mein Hirn ist wie abgeschaltet, ich starre nur hinaus und beobachte, was der Sturm mit uns treibt. Ganz langsam schiebt sich die *Svea Pacific* quer zur See. Ich überlege kurz, meine Frau Siggi ein letztes Mal über das Satellitentelefon anzurufen, aber ich lasse es sein. Sofern ich überhaupt eine Verbindung bekomme, wird sie mein Anruf nur beunruhigen, ach was, er wird sie verrückt machen vor Angst. Ich melde mich von unterwegs sowieso nur ganz selten, immer dann, wenn wir einen Hafen angelaufen haben. Zuletzt habe ich sie aus Texas angerufen.

Ich schreibe lieber lange Briefe, aber wo genau ich bin, soll sie nicht wissen. Ich will nicht, dass sie sich unnötig Sorgen macht.

Immer weiter dreht das Schiff zur See. Ein gewaltiger Wasserberg kracht aufs Deck, das Schiff erzittert. Kein Schaden. Aber wie lange geht das noch gut?

Da erscheint Chief Thode wieder auf der Brücke, er ist außer Atem, aber er strahlt, er schreit vor Glück:

»Kapitän, Rudermaschine läuft!«

»Okay«, erwidere ich, »da haben wir ja Glück.«

Wir sind gerettet, fürs Erste. Aber mehr Gefühl erlaube ich mir nicht, man muss ja sein Gesicht wahren. Das ist eben meine Art, ich tanze nicht herum vor Freude, egal, wie froh ich bin.

Es dauert einige Minuten, bis der Bug der *Svea Pacific* wieder genau in die See zeigt, und nun wagen der Chief und ich etwas, das uns sonst niemals einfallen würde: Wir genehmigen uns einen großen Schluck Scotch, *Johnny Walker*, Black Label. Nie wieder hat mir ein Drink so gut geschmeckt wie in diesem Augenblick.

Nach einigen Stunden ebbt der Sturm auf Stärke 8 ab, was noch immer kein Vergnügen ist, aber nach dem, was wir hinter uns haben, erscheint es fast harmlos. Meine Sorgen gelten den Pumpen, die den Wassereinbruch in den Ballasttanks konstant halten müssen, doch sie laufen weiterhin tadellos.

8. November, kurz nach 23 Uhr. Wir erreichen in stürmischer See die Schleuse von Birkenhead bei Liverpool. Kurz

vor Mitternacht machen wir am Victoriadock fest. Ich gehe über die Gangway und untersuche die *Svea Pacific* mit dem Handscheinwerfer. Der Orkan hat die Farbe vom Schiff geschlagen, an vielen Stellen sieht man den nackten Stahl. Wir müssen selbst im Hafen die Pumpen weiterlaufen lassen, so groß ist der Riss unterhalb der Wasserlinie.

Was alles geschehen ist, kann ich erst viel später verarbeiten. Mich erwartet der übliche Stress, der jedem Kapitän bevorsteht, wenn sein Schiff in einen Hafen einläuft. Erst kommt die Immigration, dann der Zoll, dann die Hafenbehörde, dann das Gesundheitsamt. Zusätzlich erhalten wir Besuch von der Versicherung, weil die Ladung Seewasser abbekommen hat. Sie ist nur noch als Schrott von Wert: Die T-Träger dürfen nun nicht mehr im Bau eingesetzt werden, weil das Salzwasser sie rosten lässt. Das wird später noch Ärger geben, ganz klar. Aber in diesem Moment ist es mir ganz egal.

Wir haben überlebt.

....

Kapitän Emil Feith, Jahrgang 1936, kam in Tallinn zur Welt. Die Flucht in den Westen endete im bayrischen Weilheim. Mit 16 Jahren stieg der Vollwaise in einen Zug nach Hamburg und heuerte als Schiffsjunge an. Seine erste Reise führte ihn 1952 an Bord des Küstenmotorschiffs »Rügen« nach Finnland. Feith durchlief die klassische Karriere vom Moses zum Kapitän. 1973 übernahm er sein erstes Schiff. Es folgten Stückgutfrachter und Containerschiffe jeder Größe.

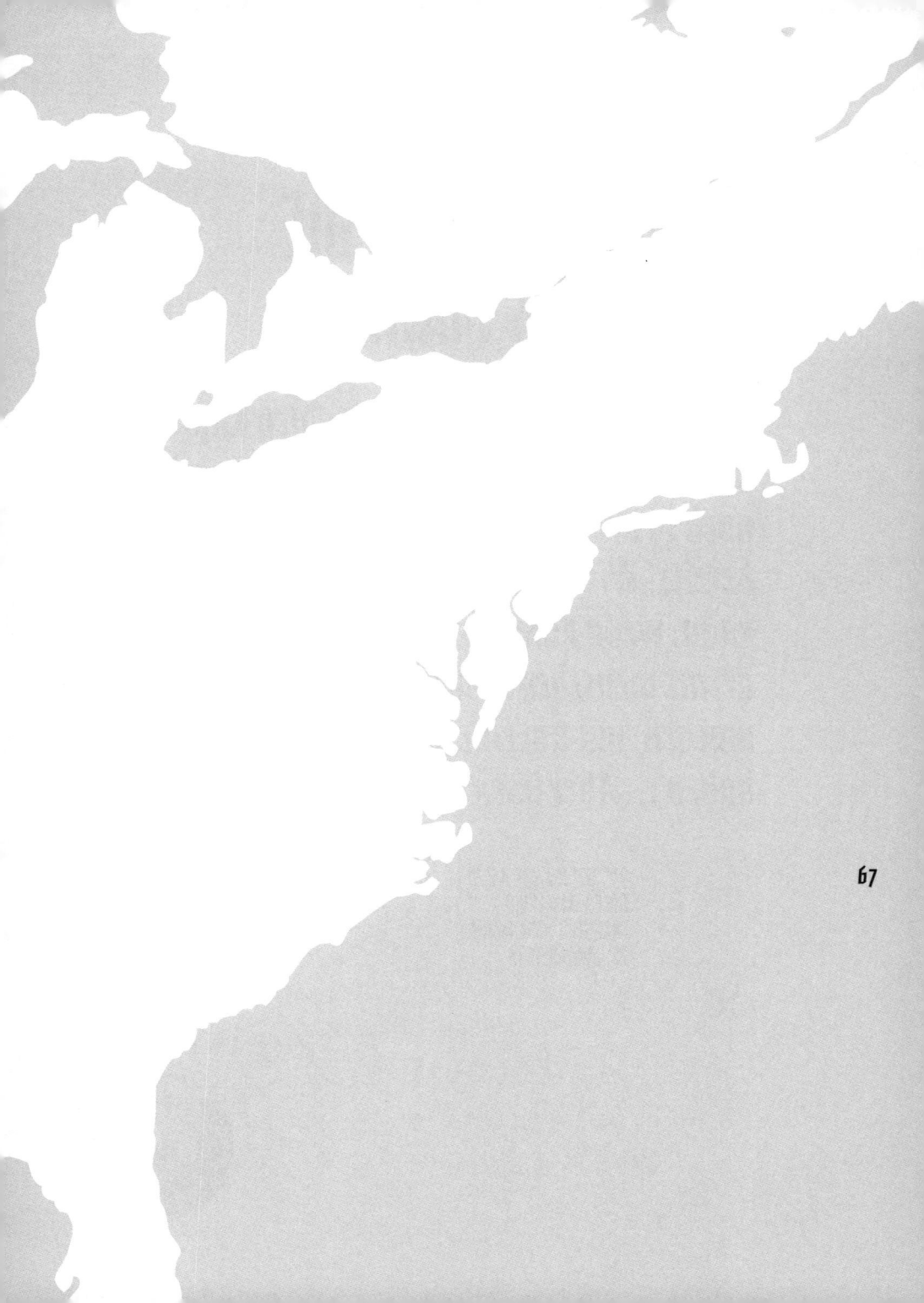

67

5 BETEN FÜR DIE »EVA MARIA«

»Dass Kapitäne meist einen kühlen Kopf bewahren müssen, auch wenn die Situation noch so brenzlig ist, gut, das wissen wir bereits. Wie man aber die Nerven bewahren kann, wenn dann auch noch die Medien eine derart menschenverachtende Geschichte daraus machen, nur um eine packende Schlagzeile zu haben ... Aber lesen Sie selbst ...« ~ *Axel Prahl*

21° 52' N / 92° 44' W
GOLF VON MEXIKO
FRACHTER »EVA MARIA«
25. JANUAR 1978

PETER LUNAU ist auf dem Weg in die Koje, als eine Explosion das Schiff erschüttert. Flammen schlagen so hoch wie der Mast. Lunau zögert nicht: Er lässt die Mannschaft in die Rettungsboote steigen. Nun beginnt für die Schiffbrüchigen eine Reise ins Ungewisse – und für die Angehörigen daheim eine Zeit des Bangens.

Im Leben jedes Kapitäns gibt es Momente, in denen er so alleine ist, wie ein Mensch nur alleine sein kann. In diesem Augenblick muss man eine Entscheidung treffen, ohne zu zögern, und die Verantwortung dafür, wenn sie falsch war, nimmt einem niemand ab. Verlasse ich mein Schiff? Warte ich noch? Hinterher ist man froh, wenn man richtig lag – was in meinem Fall 26 Männern das Leben rettet.

Ich komme gerade aus der Dusche, als eine schwere Explosion die *Eva Maria* erschüttert. Die Tür des Badezimmers fliegt aus den Angeln und von der Decke lösen sich Teile der Holzverkleidung. Mein erster Gedanke ist: Wir haben etwas gerammt. Ich nehme die Treppe zur Brücke, zweimal sieben Stufen, das weiß ich noch genau. Und dann sehe ich, dass wir nichts gerammt haben. Das Schiff brennt. Eine Flammenwand, höher als der Mast. Ein Inferno.

Es ist Mittwoch, der 25. Januar 1978, 23.46 Uhr.

Mit einem Handgriff stoppe ich die Hauptmaschine und gebe Alarm. Der Erste Offizier Friedrich Hill und der Zweite Ingenieur Frank Holschuh sind inzwischen auf die Brücke geeilt, aber wir können nichts tun. Eine genaue Kontrolle des Schadens ist wegen der Größe des Brandes nicht möglich. Zwar läuft die Feuerlöschpumpe, doch es gelangt kein Wasser an Deck, weil die Druckwelle die Leitungen zerstört hat.

Das Schiff sackt nach vorne weg. Um 23.55 Uhr steht meine Entscheidung fest: SOS geben! Rettungsboote besetzen! Alle Mann von Bord! Der Elektriker Peter Dams läuft zum Maschinenraum, um die Befehle weiterzugeben, denn die Sprechverbindung ist zusammengebrochen.

Bis zu diesen Minuten war es eine ganz alltägliche Reise gewesen. Ich hatte auf der Karibikinsel Puerto Rico eine Woche zuvor das Kommando über die *Eva Maria* übernommen, einen Linienfrachter von 9841 Bruttoregistertonnen, 150 Meter lang und 21 Meter breit, unter liberianischer Flagge. Unsere Ladung: Baumaschinen, Fernsehgeräte, Parketholz – und eine fünf mal vier Meter große Holzkiste, die von der amerikanischen Küstenwache (die in Puerto Rico die Schiffsladungen inspizierte) besonders genau untersucht worden war. Darin befanden sich knapp drei Tonnen Sprengkapseln aus Brasilien, bestimmt für ein mexikanisches Bergwerk.

Nachdem wir die Korallenriffe der Campeche-Bank im Golf von Mexiko passiert hatten, waren es noch knapp 200 Seemeilen nach Veracruz, dem nächsten Hafen. Der Wind kam mit 7 Beaufort aus Nord-Nordwest. Eine ganz gewöhnliche Passage, während der ich im Bordbuch keine besonderen Vorkommnisse verzeichnete.

Innerhalb von fünf Minuten sind die Rettungsboote klar. Meine große Sorge aber ist, dass wir jemanden an Bord vergessen haben könnten. Ich laufe sämtliche Gänge ab und schaue in die Kabinen, während der Chief den Maschinenraum absucht. Als wir sicher sind, dass wir niemanden zurückgelassen haben, werden die Rettungsboote gefiert. Wir zählen noch einmal durch: 26 Mann, 21 von den Philippinen, der Rest aus Deutschland, alle an Bord, niemand verletzt. Es ist zehn Minuten nach Mitternacht.

Damit wir uns in der rauen See nicht verlieren, verbinden wir die Boote mit einer Schleppleine und entfernen uns unter Motorenkraft etwas von der *Eva Maria*. Wie schwer der Schaden ist, können wir bereits jetzt erkennen: Der Bug liegt unter Wasser, die Schraube ragt aus dem Wasser. An der Luvseite treiben brennende Ladungsgegenstände auf dem Wasser; Diesel ist aufgetrieben und hat sich entzündet. Das Meer brennt. Ein gespenstischer Anblick.

An Bord der Rettungsboote werden die ersten Besatzungsmitglieder seekrank; der Wind kommt mit 7 Beaufort aus Nord, die Dünung ist hoch. Um 0.30 Uhr taucht das brennende Wrack bis zum Hauptdeck ins Wasser ein. Noch vier Stunden können wir die Notbeleuchtung an Bord erkennen, dann wird es dunkel auf der *Eva Maria*. Wir bleiben in der Nähe, achten aber darauf, nicht mit brennenden Teilen und dem brennenden Ölteppich in Kontakt zu kommen.

Als der Morgen dämmert, entschließe ich mich, noch einmal an Bord zu gehen, um Maschinenraum und Funkstation zu überprüfen. Wir haben trotz des abgesetzten SOS noch immer keinen Kontakt mit einem anderen Schiff oder einem Suchflugzeug. Der Maschinenraum steht fast vollständig unter Wasser; im Funkraum sind die meisten Geräte aus den Halterungen gesprungen und defekt. In den Gängen, in den Kabinen, überall sind die Schäden der Explosion zu erkennen. Vor der Ladeluke 4 ist die *Eva Maria* abgebrochen. Ich gehe zurück ins Boot.

Um elf Uhr bekommt das Wrack starke Schlagseite. 20 Minuten später sinkt es, taucht über den Bug ein ins Meer. Ein Zischen, ein Brodeln, dann bleibt nur noch ein Ölfleck auf dem Wasser. Die Seeleute haben ihre Mützen abgenommen. Schweigend sehen wir zu. Für einen Seemann ist es ein beklemmender Anblick, sein Schiff sinken zu sehen.

Ich lasse die Motoren anwerfen und steuere Kurs Südost, um die mexikanische Küste zu erreichen. Weil die Besatzungen unter Seekrankheit leiden, setzen wir zusätzlich die Segel, damit die Boote ruhiger im Wasser liegen. Große Sorgen mache ich mir nicht: Wir haben Wasser und Proviant für zehn Tage, Treibstoff für zwei Tage, einen Kompass; mit Leuchtraketen könnten wir ein vorbeifahrendes Schiff auf uns aufmerksam machen. Die Boote wurden regelmäßig gewartet, sind in tadellosem Zustand und das Wetter ist, abgesehen vom Wellengang, erträglich. Die Temperatur beträgt 20 Grad. Ich bin sicher, dass wir die Küste erreichen.

Die Stimmung an Bord ist entspannt. Die erste Mahlzeit: vitaminreiche Trockennahrung, in Stangenform. Als es wieder dämmert, versuchen die Männer, ein wenig Schlaf zu bekommen. Die Filipinos, fast alle katholisch, beten. Wir segeln mit Kurs Südost durch die Nacht.

Für unsere Angehörigen beginnt eine Zeit der bangen Ungewissheit. Die amerikanische Küstenwache hat in der Zwischenzeit die Unglücksstelle erreicht, aber kein Zeichen von Überlebenden entdecken können. Wir gelten als vermisst. Sensationsgierig ist das Verhalten mancher Medien. Sie versuchen mit allen Mitteln, an Informationen zu kommen. Ein Redakteur einer großen Boulevardzeitung ruft sogar meine Frau Barbara an, um ihr eine Lüge aufzutischen: Die Agenturen hätten von drei Überlebenden berichtet – ob sie wisse, wer das sei? Immer wieder klingelt es zu Hause auf dem Holm in Schleswig an der Tür. Meine Frau entschließt sich, unsere drei Töchter aus der Schule zu nehmen.

In den Rettungsbooten gibt es viel zu tun. Ein Mast bricht, lässt sich aber nach kurzer Zeit zusammenlaschen und wieder setzen. Die Situation wird gemeistert. Eine Bö reißt unsere einzige Seekarte von Bord. Für die Nacht bergen wir die Segel und takeln die Spritzverdecke auf; die Seen sind steil und hoch, Wind mit 6 Beaufort aus Nord.

Am nächsten Morgen, um 5.30 Uhr, schreit einer der Filipinos: »Ein Schiff, ein Schiff!« Etwas ist da am Horizont, etwa zehn Seemeilen vor uns. Euphorie an Bord, wir schießen Leuchtraketen ab. Doch keine Reaktion. Zwei Stunden laufen wir auf die Sichtung zu, dann ist klar: Es ist kein Schiff, sondern eine Ölplattform. Die *Sedco 135*, eine amerikanische Bohrinsel, knapp 80 Seemeilen vor der Küste.

Wir sind gerettet!

Um 11 Uhr gehen wir an der Plattform längsseits und werden mit einem Kran an Bord genommen und sehr herzlich versorgt. Wir bekommen erst mal starken Kaffee und frische Kleidung. Die US-Küstenwache wird verständigt, und ich rufe meine Reederei an. Unsere Familien erfahren, dass wir in Sicherheit sind. Am Abend holt uns ein Patrouillenboot der mexikanischen Marine ab. Am Sonntag, dem 29. Januar 1978, erreichen wir am Vormittag nun doch Veracruz. Aus dem Hotel telefoniere ich mit meiner Frau. Die Mannschaft wird in einem Krankenhaus untersucht, alle sind wohlauf. Im Hotel zahle ich den Männern ihre Heuer aus. Sie fliegen in die Heimat.

Für mich verzögert sich die Rückkehr noch etwas, denn ich gebe während einer Seeamtsverhandlung in Mexiko-Stadt Auskunft über die Ereignisse in der Nacht der Explosion. In der Hauptstadt kursieren Gerüchte: War es ein Terroranschlag? War es das Werk aufständischer Rebellen? Die innenpolitische Lage Mexikos ist zu diesem Zeitpunkt alles andere als stabil.

Eine Untersuchung wird später ergeben, dass sich das Verpackungsmaterial selbst entzündet hat, durch den Wechsel von Feuchtigkeit zu Trockenheit – und dann flogen die Zünder für das Bergwerk in die Luft. Der Untergang wird mich drei Jahre juristisch beschäftigen, bis zu einer Seeamtsverhandlung in Hamburg. Den amerikanischen Versicherern entstand ein Schaden von mehr als 40 Millionen Dollar.

Daheim in Schleswig freue ich mich auf den Empfang meiner Familie. In unserem Viertel, dem Holm, haben alle Nachbarn zur Feier des Tages die Flagge Schleswig-Holsteins gesetzt, das macht man bei uns so. Mit einem kleinen Umtrunk feiern wir meine Rückkehr. In den nächsten Tagen erhalte ich viel Post: Menschen, die ich gar nicht kenne, schreiben, dass sie sich über unsere Heimkehr freuen. Dem »Stern« erzähle ich in einer großen Reportage, wie es war. Einen Monat später geht für mich der Alltag als Kapitän wieder los; ich übernehme das Kommando des nächsten Schiffs. Albträume von der Explosion der *Eva Maria* haben mich zum Glück nie verfolgt. Sicher liegt es daran, dass ich die richtige Entscheidung getroffen habe und es keine Verletzten oder gar Tote gab.

....

Kapitän Peter Lunau wurde 1938 in Schleswig geboren und wuchs auf dem Holm, dem Fischerviertel der Stadt, auf. Schon früh entdeckte er seine Faszination fürs Meer und arbeitete nach der Seemannsschule in Hamburg als Matrose. 1967 machte er sein Kapitänspatent und fuhr bis zu seiner Pensionierung 2003 weltweit für die Reederei F. Laeisz.

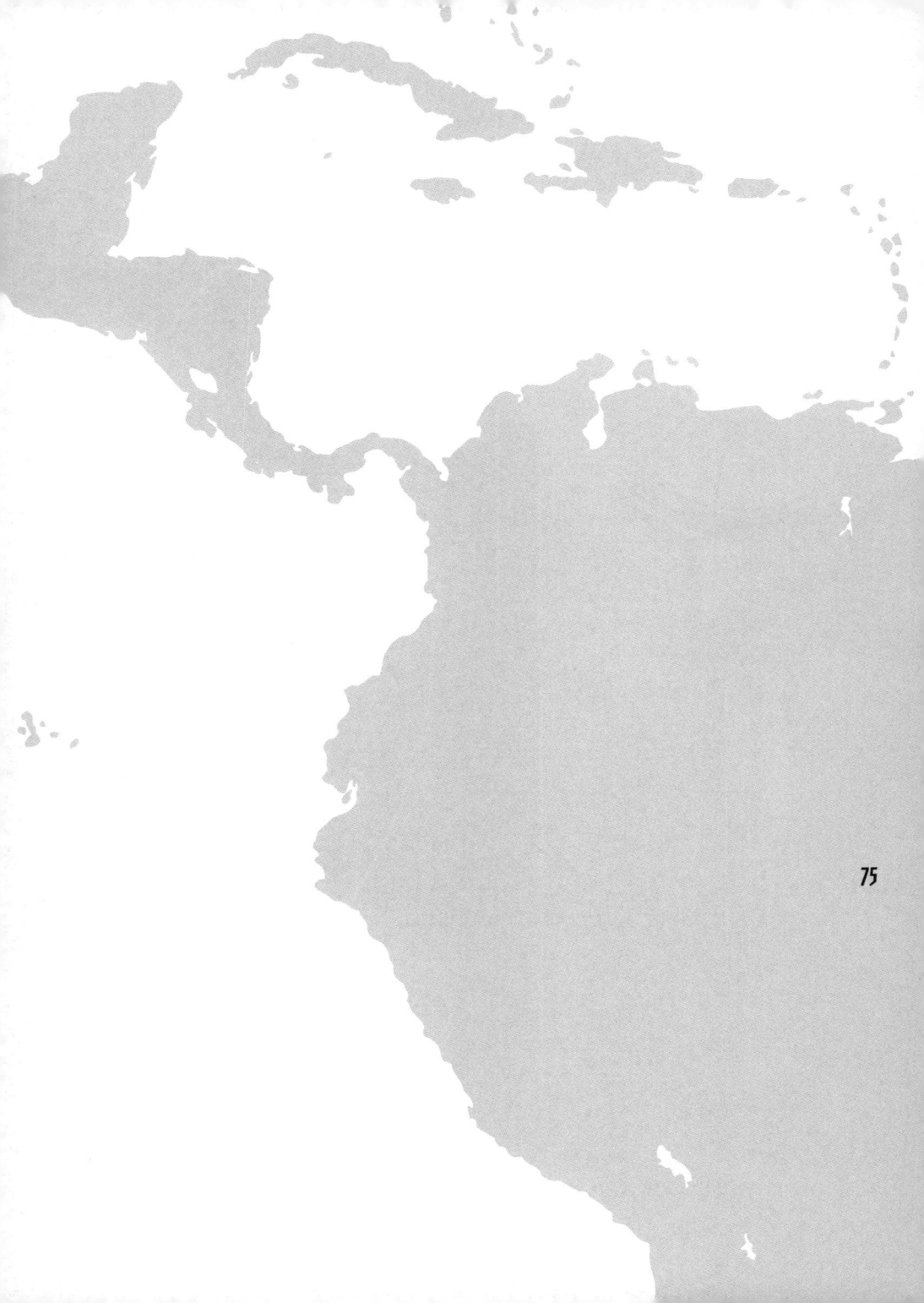

75

REISE REISE

6 FEUER IM HAFEN EDEN

....

»Da auch ich schon öfters mit dem Gedanken gespielt habe, etwas ganz anderes zu machen, beispielsweise ein kleines Hotel oder eine Pension zu eröffnen, finde ich es faszinierend, mit welchem Durchhaltevermögen der Kapitän für seinen Traum kämpft.« *~ Axel Prahl*

....

6° 08' N / 1° 13' O
PORT DE LOMÉ, TOGO
7. MAI 1969 BIS 23. DEZEMBER 1994

Hafenkapitän im Westen Afrikas zu sein sorgt für Adrenalin-schübe im Alltag: Mit brennenden Schiffen, Blitzeinschlägen oder umgestürzten Tanklastern wird der »Patron«, wie ihn seine Leute nennen, fertig. Als er sich mit Verbrechern anlegt, steckt er seine Beretta ein und stellt eine eigene Polizeieinheit zusammen. SIEGFRIED OTTINGER ist bereit, für seinen Traum zu kämpfen. Doch dann spitzt sich die Lage dramatisch zu.

Mit einem Auge durfte ich ins Paradies sehen, als die Arbeit in meinem Hafen begann. 1969 wohnten meine Frau und ich unter Palmen am Strand, wir hörten zum Frühstück den Atlantik rauschen und ich ging dann hinüber zu den Kais, um zusammen mit freundlichen Menschen etwas aufzubauen. In Togo, einem kleinen Land, von dem man seinerzeit annahm, dass es eine große Zukunft haben könnte, wollten wir einen modernen Tiefseehafen erschaffen, wie es keinen zweiten geben sollte an der Westküste Afrikas.

Ich habe zusehen müssen, wie das Paradies zerfiel. Wie es in jedem Jahr krimineller, korrupter, gewalttätiger wurde. Mit allem, was ich hatte, habe ich für mein Paradies gekämpft, mit Worten und auch mit Pistolen. Ich konnte nicht aufgeben, ich durfte nicht weglaufen, denn ich hatte etwas angefangen und wollte meine Leute nicht verraten. An manchen Tagen warteten wir mit gepackten Koffern auf Nachricht, ob wir fliehen müssten, weil die Lage außer Kontrolle schien. Ich kann mich noch an mein Codewort erinnern, mit dem sich die verbliebenen Ausländer über Funk verständigten: Ich war »Brathering«. Wenn die Meldung kam, dass die Straßen in Lomé schnee- und eisfrei waren, wussten wir, dass es keine Straßensperren oder Militäraktionen gab. Wir wussten dann, dass wir sicher waren.

25 Jahre, sieben Monate und 16 Tage lang diente ich als »Commandant du Port« von Lomé. Wie sich das Leben in kleinen Schritten veränderte, kann ich nachlesen in einem grauen Aktenordner, in dem Jahresberichte abgeheftet sind, die ich an meinen Arbeitgeber, die Gesellschaft für Technische Zusammenarbeit in Frankfurt am Main, schickte. Zum Beispiel 1977: Wir bauten Pieranlagen, 250 Meter lange Kais, ausgelegt für Containerverkehr, wir zogen Verwaltungsgebäude und Lagerhallen hoch, stellten Schlepper in Dienst, wir baggerten die Hafeneinfahrt aus, vor allem aber: Wir gaben Tausenden Menschen eine Arbeit und eine Hoffnung. Die vielen Millionen D-Mark Entwicklungshilfe schienen gut angelegt zu sein in der ehemaligen Kolonie; Kreuzfahrtschiffe wie die *Europa*, die norwegische *Vistafjord* oder die russische *Estonia* legten an, immer mehr Frachter und Trawler kamen nach Lomé.

Zwischen mancher Zeile, die ich in die Schreibmaschine tippte, verbirgt sich ein alltägliches Abenteuer: »28. 5.1983 – Feuer in der Ölfabrik«, »29. 2.1989 – Flächenbrand in der Hafenzone«. Es ist so vieles geschehen, dass ich manche Details nicht mehr erinnern kann. Einmal richteten wir einen umgestürzten Tanklastwagen mit Gasfüllung wieder auf, wobei ich ein schnelles Gebet in den Himmel über Lomé schickte; ein anderes Mal brachten wir in einem schweren Unwetter gerade noch einen verletzten Matrosen an Land. Wir schafften es in eine Lagerhalle, als neben uns die Blitze einschlugen.

Es kam vor, dass wir brennende Schiffe in tiefe Gewässer schleppten, wobei ich in mehr als einem Fall den Verdacht hegte, dass der Reeder das Feuer selbst hatte legen lassen, um Schulden für Hafenkosten und Heuer der Besatzung nicht übernehmen zu müssen. Manchmal holten wir auch Schiffe in Notlagen – die ich zuvor aufmerksam begutachtet hatte – in den Hafen hinein. Im Falle der *Carnival*, einem mit Kohle beladenen Massengutfrachter, der in einem Sturm am Kap der

Guten Hoffnung einen schweren Seeschaden abbekommen hatte, setzte ich mich bei der Regierung von Togo persönlich dafür ein, dass das Schiff im Hafen repariert werden konnte.

Nirgendwo sonst an der Küste hätte der mehr als 200 Meter lange und mehr als 13 Meter tiefe Frachter anlegen können – und seine Lage war äußerst kritisch: Dutzende Spanten mussten unter höchsten Sicherheitsvorkehrungen verschweißt werden. Die Bordwand hatte sich bereits gelöst und beulte sich unter dem Wasserdruck aus. Ich hatte einen solchen Schaden noch nie zuvor gesehen und bin sicher, dass die *Carnival* wenige Stunden später gesunken wäre. Ein Schiff, das Hilfe benötigt, darf man nicht aufs Meer hinausjagen, so lautete meine Devise. Wie die Beamten von Togo reagiert hätten, wäre der Frachter mit 54.000 Tonnen Kohle im Hafen auf Grund gegangen, möchte ich mir lieber nicht ausmalen.

Ich versuchte, den Männern von See zu helfen, wo immer es ging, ich hielt die Hafenkosten niedrig und sorgte für einen Zugang zum deutschen Seemannsheim mit Schwimmbad und Bücherei. Ich fühlte mich immer wie einer von ihnen. Fünf Jahre lang war ich selbst als Kapitän und Erster Offizier gefahren, bis mir durch einen Zufall die nautische Leitung des Hafens angetragen wurde; das Angebot kam im rechten Moment, denn immer wieder hatte ich darüber nachgedacht, dass die wichtigen Impulse immer häufiger von Land kamen und der Schiffsleitung immer weniger Einfluss blieb. Ich sagte zu, auch wenn die Freunde daheim es nicht glauben mochten: »Spinnst du? Was willst du denn da?« Die Frage hörte ich immer wieder. Im Paradies aber gab es sogar deutsches Schwarzbrot, das ich dank guter Kontakte zu einer Europa-Afrika-Linie organisieren konnte, auch wenn es manchmal zwei Tage dauerte, bis wir eine stabile Telefonleitung bekamen.

Die Afrikaner lernten von mir deutsche Gründlichkeit und ich erlernte den, nennen wir es: »afrikanischen Weg«. Ich gewöhnte mir an, leichte Probleme leicht zu nehmen, Dinge besser zu erklären und bei einem Anliegen nicht die Tür einzutreten, sondern sie lieber einen Spaltbreit zu öffnen. Wenn ich die Rubrik »Jahresurlaub, Deutsche Fachkräfte« in meiner Statistik lese: »Ottinger, 1.1.84 – 5.1.84«, dann muss ich lächeln. Es gab eben viel zu tun, es machte Spaß. Urlaub konnte man immer noch machen, wenn wir weiter waren mit unserem Projekt.

Dass ich in der Diktatur des Etienne Gnassinbé Eyadéma lebte und mit Vetternwirtschaft zu tun hatte, in der die Stellung eines Familienklans wichtiger war als die Qualifikation, dass ich jemanden wegen Unfähigkeit oder Faulheit feuerte, der am nächsten Morgen wieder ins Büro kam, weil er der Cousin irgendeines Ministers war und Schutz genoss, fiel mir nicht leicht. Je länger ich in Togo lebte, desto schwieriger wurden die Bedingungen. Anfangs war das Wasser im Hafen so klar gewesen, dass man den Grund und Dutzende Delfine sehen konnte. Je mehr Schiffe kamen, desto schlechter wurde die Qualität, zumal einige Kapitäne glaubten, die Bilgen ihrer Schiffe im Hafen lenzen zu können; andere Umweltsünder bauten Altautos aus Europa um, ließen Müll im Hafengebiet verrotten oder zündeten Reifen, die sie nicht mehr benötigten, einfach an.

Dichter schwarzer Rauch verpestete die Luft und die stinkenden Müllberge wuchsen immer weiter. Ich musste etwas unternehmen. Einer der Autohändler war ein einflussreicher Krimineller, der durch Kontakte zur lokalen Zeitung Druck ausübte: »Er verwaltet den Hafen, als sei es sein privater Acker«, schimpfte das Blatt. Ich bekam Morddrohungen. Fortan trug ich meine Beretta, Kaliber 7.65, auf jedem Weg ins Büro. Wir wohnten schon lange nicht mehr in einem Haus direkt am Strand, neben einigen Fischern, sondern in einer streng bewachten Anlage, der Heimat für die meisten Führungskräfte des Hafens. Schießereien häuften sich und oft genug trugen sich Szenen wie aus einem Wildwest-Film zu. Ich hatte eine Art Sondereinsatzkommando zusammengestellt, das gegen die organisierten Banden kämpfte.

Mehrfach überlegten wir, das Land zu verlassen, zum Beispiel, als ich davon erfuhr, dass eine Militärpatrouille in einem Stadtteil nahe dem Hafen mit einem Maschinengewehr in eine Menschengruppe schoss, die mit weißen Gewändern und Kerzen in den Händen protestierte. »Herr Ottinger, Sie bleiben so lange hier, wie ich Ihnen des sag«, hatte mir Bayerns Ministerpräsident Franz Josef Strauß zugeraunt, als er Mitte der 1980er-Jahre den Hafen besuchte. Was mir mehr bedeutete, waren die Bitten meiner Mitarbeiter: »Patron, du darfst nicht gehen«, baten sie mich, wenn ich wieder einmal zweifelte. So blieben wir, in dem Gefühl, niemanden im Stich lassen zu können. 292 Mitarbeiter unterstanden meiner nautischen Abteilung und ich konnte spüren, wie durch das jahrelange Training und die Ausbildung Strukturen entstanden. Auch wenn sie drohten, immer wieder hinfortgespült zu werden wie Sandburgen mit der nächsten Flut.

Als die Regierung Anfang der 1990er-Jahre unter internationalen Druck geriet, die Entwicklungshilfe längst eingefroren war und man in der Bevölkerung den Willen zur Demokratie spüren konnte, wurde es besonders brenzlig. Generalstreiks, Putschversuche, Ausgangssperren lähmten den Hafen und die tägliche Furcht, zum Opfer eines Überfalls zu werden, erstickte jede Freude im Alltag. Aus dem Paradies war eine Art Vorhölle geworden. Man hatte den Eindruck, dass der Ausbruch von Anarchie drohte, denn die Bevölkerung hatte das Vertrauen in Polizei und Militär verloren und der soziale Druck erhöhte sich täglich. Im Hafen lungerten wegen des Missmanagements im Arbeitsamt mehr als 7000 Tagelöhner herum, die nicht wussten, wie sie sich und ihre Familien ernähren sollten. Maximal jedem Dritten konnte, sofern der Hafen ausgelastet war, Arbeit gegeben werden. Aufgrund der schlechten wirtschaftlichen Lage gab es aber kaum etwas zu tun.

Im November 1992 riefen die Oppositionsparteien und Gewerkschaften einen unbefristeten Generalstreik aus, der sich monatelang hinzog. Fast alle Schiffe fuhren an Lomé vorbei, denn im Hafen löschte niemand mehr die Ladung und keine Versicherung übernahm das Risiko. Ich begann damit, die Hafensicherheit neu zu organisieren, damit die letzten Anlagen nicht geplündert wurden. Das Hafenarbeitsamt wies mir 410 Wachmänner zu, die motiviert werden sollten, indem man ihnen ihre Löhne bar ausbezahlte – das Bankwesen war wegen des Streiks zusammengebrochen. »Die Hälfte ist einsatzbereit, der Rest besteht aus Invaliden, Trinkern und Arbeitsunfähigen«, schrieb ich in meinem Jahresbericht. Ärzte wagten es aus Furcht vor Übergriffen nicht, sie auszumustern.

Als Experten im Auftrag der Kreditanstalt für Wiederaufbau den Hafen inspizierten, ging meine Abteilung als einzige ohne Mängel aus der Prüfung hervor. Wir hatten trotz des allgemeinen Chaos damit begonnen, eine neue Computeranlage zu installieren, und für jeden Angestellten ein Stammblatt angelegt. Die meisten anderen Büros blieben hingegen geschlossen – und wenn jemand zur Arbeit erschien, ergingen sich die Mitarbeiter in endlosen Diskussionen. Am 23. Dezember 1994, einen Tag vor dem Heiligen Abend, hatte ich genug. Ich sah keinen Sinn mehr und mochte auch ein neues Regime, das an die Macht zu streben schien, nicht unterstützen. Es war ein sehr trauriger Tag.

Mit meiner Frau und mir kam ein alter Weggefährte nach Deutschland, Chicoletta, ein Graupapagei, 24 Jahre alt. Er fragte mich manchmal: »Siegfried, wo bist du?« In Gedanken befand ich mich noch oft in Lomé, in meinem Hafen. Ich dachte an den heißen Harmattan, wie der Landwind zur Trockenzeit heißt, ich träumte von den Anfangsjahren, als wir mit den Fischern hinausfuhren und den Delfinen zusehen konnten. Der Hafen Eden aber war abgebrannt.

....

*Kapitän Siegfried Ottinger, Jahrgang 1939, kam
mit seiner Familie in einem Flüchtlingstreck aus
Schlesien im niedersächsischen Oldenburg an.
Ottinger interessierte sich schon als Kind für die
Seefahrt und unternahm seine ersten Reisen auf dem
legendären Segelschiff »Passat«, bevor er seine Laufbahn
als Leichtmatrose des Norddeutschen Lloyd begann.
Fünf Jahre lang fuhr Ottinger mit dem Patent des
Kapitäns auf großer Fahrt, bevor er Hafenkapitän
in Togo wurde. 1987 zeichnete ihn Bundespräsident
Richard von Weizsäcker mit dem Bundesverdienst-
kreuz aus. Nach seiner Rückkehr gründete er die
Firma »Marcare«, mit der er bis 2009 unter anderem
die knapp 1200 Schiffe unter der Flagge von Antigua
und Barbuda betreute.*

7 DOCKERSTOLZ

....

»Ich brauchte nur die Überschrift und die ersten Zeilen zu lesen, um zu wissen, dass ich mich in dieser Geschichte wiederfinden kann. Das nenne ich mal Solidarität! Ein, wie ich finde, zu Unrecht geschmähter Begriff! Was aber vermutlich nicht unwesentlich dazu beigetragen hat, dass Solidarität so selten geworden ist in unseren Tagen!« ~ *Axel Prahl*

....

51° 30' N / 5° 00' W
LONDON, IN DEN DOCKLANDS
STÜCKGUTFRACHTER »BUSSARD«
WÄHREND DER 1950ER-JAHRE

Herbst 1952, der Nebel hängt schwer in Londons Hafen. Weil ein Docker entlassen worden ist, streiken alle Hafenarbeiter. Auch die Crews der festliegenden Schiffe sind zum Nichtstun verurteilt. Sobald jemand sein Schiff streichen will, erscheinen Männer unter Bowler-Hüten und stoppen die Arbeit. GOTTFRIED HILGERDENAAR erfährt, wer die wahren Herrscher des Hafens sind.

Wir leben in einer Zeit, in der man alles kaufen kann, alles außer Haltung und Stolz. Mich macht es oft ratlos, wenn ich in der Zeitung lese, dass Menschen ihre Jobs verlieren und Konzerne am gleichen Tag neue Rekordgewinne verkünden. Ganz egal, ob es sich um Mobiltelefonproduzenten oder Banken handelt, die Geschichten ähneln einander: Man liest von Hilflosigkeit der Arbeiter und Angestellten und von der Ohnmacht der Gewerkschaften. Ich denke dann an die Docker von London, erinnere mich, wie damals im Hafen der englischen Hauptstadt die Dinge liefen, und muss schmunzeln.

London anzulaufen empfand ich, seinerzeit Zweiter Offizier auf der *Bussard*, einem kleinen Stückgutfrachter, als besonderes Erlebnis, schon wegen der Reise die Themse hinauf. An den Kaianlagen, den »Jetties«, lagen die alten Kohlenschiffe und auf dem Fluss kreuzten bunt bemalte Lastensegler. Acht geben musste man auch auf treibende Bargen, besonders im schweren Londoner Nebel, der zu dieser Stadt gehörte wie Big Ben oder die Tower Bridge.

Im Nebel hörte man, dass auf den Lastkähnen, die nur mit schwachen Petroleumlampen beleuchtet waren, Glocken geschlagen wurden. Ein Gebimmel lag über dem Wasser, gedämpft vom schweren Grau. Vorsichtig tasteten wir uns nach London hinein und es erschien mir oft wie ein Wunder, dass wir ohne Kollision in den Docks festmachten. Die Schuppen aus Backstein waren geschwärzt vom Ruß der Jahrzehnte, Laternen schnitten Lichtkegel in den Schleier aus Dunst und in den schmalen Gassen knarrten halb abgerissene Tore. Tief in der Nacht, wenn es still war über den Docks, konnte man hören, wie die Waggons der »Tube« unter den Hafenbecken durchratterten.

Alle an Bord freuten sich auf die Docks von London, denn der Liegeplatz war nicht nur etwas gespenstisch, sondern auch interessant: Ganz in der Nähe befand sich der Pub »Prospect of Whitby«, 1543 eröffnet und angeblich älteste Kneipe an der Themse. Im »Prospect«, der während des 17. Jahrhunderts »Devil's Tavern« hieß und ein berüchtigter Treffpunkt von Schmugglern und Halsabschneidern war, atmete man eine Luft wie in einer Räucherkammer. Jeder Gast rauchte, als verlange das die Hausordnung; Männer unter Schieberkappen lehnten am Tresen und kippten Pint-Gläser mit Bier. Eine Treppe führte hinauf in einen Raum, zu dem einfache Seeleute keinen Zutritt hatten. Ich habe es einige Male versucht, aber stets versperrte mir ein schrankartig gebauter Kerl den Weg. Prinzessin Margret, so erzählte man sich am Tresen, gönnte sich im ersten Stock so manchen Gin.

Zum Ritual der Einreise gehörte, wie in jedem Hafen, der Besuch der Zöllner. Anders als in Spanien oder anderen südlichen Ländern, wo sie einen Koffer bei sich trugen, den man besser mit Schnaps und Zigaretten füllte, um Ärger zu vermeiden, erwiesen sich die englischen Beamten als absolut unbestechlich. Sie nahmen ihre Aufgabe stets genau, durchsuchten die *Bussard* und wühlten in jeder Kammer, um Schmuggelware zu entdecken. In der Kammer des Ersten Ingenieurs stand ein Tisch auf einer hohlen Eisensäule, einem idealen Versteck für Zigaretten und Flaschen. Auf jeder Reise nahmen die Zollbeamten diesen Tisch auseinander. Eines Tages bekam der Erste Ingenieur – ein Mann mit höchsten moralischen Ansprüchen, dem das Schmuggeln nie in den Sinn gekommen wäre – einen Wutanfall. Er schrie: »Jetzt reicht es! Ich werde mich beschweren – und wenn ich bis zur Königin gehen muss!« Erschrocken verließen die Zöllner seine Kammer und informierten ihren Vorgesetzten, der an Bord erschien und sich auf Deutsch entschuldigte. Bald darauf kam ein Tischler, der das Möbel reparierte. Nie wieder inspizierte jemand die Kammer des Ersten Ingenieurs.

Die Beamten erwiesen sich nicht nur als höflich, sondern auch gewitzt, wenn es darum ging, die alten und komplexen Gesetze des Empire neu zu interpretieren. Auf einer Reise hatte ich in Hamburg ein kostbares Gemälde übernommen, das mit der für damalige Verhältnisse astronomischen Summe von einer Million Mark versichert war. Die Auflage: Das Kunstwerk durfte nur von mir persönlich von Bord transportiert werden, was kein Problem darstellte, denn das Bild war von tragbarer Größe und geringem Gewicht. Ich hob das Bild also an und wollte damit gerade über die Gangway, als eine aufgeregte Stimme rief:

»Stopp! Halt! So geht das nicht!«

Ein Zollbeamter erinnerte mich daran, dass es gegen das Gesetz verstieß, als Mitglied der Mannschaft Ladung selbst auf die Pier zu bringen. Ausnahme, please? No, Sir. Wegsehen? No, Sir! Bitte! Sir! Aber auch den Hafenarbeitern war es in einem anderen Paragraphen strengstens untersagt, Ladung per Hand an Land zu tragen. Was also tun? Wir diskutierten, bis dem Zöllner eine Idee kam. »Ich beschlagnahme das Gemälde!«, rief er, nahm es und trug es in sein Büro am anderen Ende der Pier. Der Empfänger, den ich über den Schachzug informierte, konnte das Bild ohne Auflagen oder Gebühren abholen.

Einmal sollten wir ein Pferd von London nach Bremen bringen, ein Vollblut mit dunkler Mähne, das wir in einer Luke achtern unterbringen wollten, um es auf See leichter versorgen zu können. Nun stand das Pferd aber in einem provisorischen Stall in einer der vorderen Luken. Nach einem alten

Gesetz durften die Docker nicht von einer Luke in die andere gehen, um die Pferdepension umzubauen. Sie weigerten sich und zuckten mit den Schultern. Ich fragte einen Zollbeamten um Rat, der kurz überlegte, auf die Hafenarbeiter zuschlenderte und sagte: »Meine Herren, ich bin Mitglied des königlichen Pferdeclubs und berufe mich hiermit auf das königliche Tierschutzgesetz.« Den Rest bekam ich nicht mehr mit, weil ich lachen musste. Eine Stunde später befand sich das Pferd samt Stall in der gewünschten Luke.

Die Docker sahen nicht aus, wie man sich heute Hafenarbeiter vorstellt: Die meisten trugen statt Blaumann Krawatte, Hemd und Mantel, den sie sich leger über den Arm legten. Wer heute die Fotos betrachtet, denkt eher an die Zigarettenpause einer Jazzband als an Männer, die körperlich harte Arbeit leisteten. Sie verhielten sich gegenüber der Crew stets freundlich, waren hilfsbereit und zuvorkommend. Morgens warfen sie mir ihre ausgelesenen Zeitungen ins Bulleye, die sie auf der Suche nach den Ergebnissen der Windhunderennen geblättert hatten. Wehe aber, etwas verstieß gegen die Regeln ihrer Gewerkschaft.

Eine Gang von Dockern bestand aus 13 Männern. Fehlte nur einer von ihnen zum Arbeitsbeginn, setzten sich alle anderen auf die Luken, spielten Karten, lasen Fußballberichte oder rauchten. Erst wenn die Gruppe vollzählig war, begann die Arbeit. Unantastbar war die »Teatime«, ein Ritual, das genau zehn Minuten dauerte und für das sie vorher einen Kessel in die Kombüse brachten. Im Heißwasserkocher wäre es natürlich zu schnell gegangen. Billy, der Vorarbeiter, ein kleiner, schmächtiger Kerl mit allzeit schmutzigen Händen, auf den alle hörten, zog einen Lappen von zweifelhafter Sauberkeit aus seiner Manteltasche und putzte die Mugs. Diese zehn Minuten, in denen sie nun mit dampfenden Tassen beieinanderstanden, über die Ergebnisse des FC Millwall oder der Hunderennbahn fachsimpelten, gehörten zum festen Ablauf eines Tages.

Um Punkt 17.00 Uhr hatten die Docker Feierabend, ganz egal, ob das Schiff noch nicht gelöscht war oder ob es dringend ablegen musste, weil die Ware eilig war. Anders als etwa in Rotterdam, wo manche Nacht durchgearbeitet wurde, rührten sich die Docker von London nicht mehr. In seltenen Ausnahmen machten sie, auf flehentliche Bitten, eine Überstunde, aber um spätestens 18.00 Uhr verließ auch der letzte Arbeiter den Hafen. Was uns Seeleuten gelegen kam, denn es blieb Zeit für einige Biere im »Prospect of Whitby«, bis der Schlag einer Glocke die letzte Runde einläutete.

Jederzeit konnte es in den Docks von London zu einem Streik kommen. Eine Unstimmigkeit genügte, damit die Gangs zuerst das Schiff, dann das Hafenbecken und Stunden später den kompletten Hafen lahmlegten. Ihre Solidarität wirkte und die Chefs der Stauereien überlegten es sich, ob sie einen Arbeiter wegen eines Fehlverhaltens feuern sollten. Streiks konnten sich über Wochen hinziehen, manchmal dauerten sie sogar monatelang. Auch für die Schiffsbesatzungen bedeutete dies: Nichtstun. Wir versuchten einmal, die Zeit zu nutzen, um die Laderäume zu reinigen, und hatten gerade die Luken geöffnet, als ein großer schwarzer Wagen vorfuhr, aus dem Männer mit Bowler-Hüten stiegen: Gewerkschaftsbosse. Sie sahen kurz zu, was wir machten. Dann rief einer von ihnen scharf: »Work stops now!« Wer nicht für immer festliegen mochte, tat besser daran, ihren Anweisungen zu folgen. Sie waren die Herrscher im Hafen.

Manche Streiks zogen sich derart in die Länge, dass wir es vorzogen, abzulegen und zurück nach Bremen zu dampfen. Als wir Maiglöckchen transportierten, wuchsen nach drei Wochen Ranken aus den Körben – aber löschen durften wir die Pflanzen nicht. Aus Sicht der Geschäftsleute muss es kaum erträglich gewesen sein. Ich erinnere eine große Menge Schuhe, die mit einem altertümlichen hydraulischen Kran regelrecht in eine Lagerhalle geschleudert wurde. Die Kartons rissen auf, überall auf der Pier lagen Schuhe verstreut, und als ich mir den Schuppen von innen ansah, entdeckte ich ein Chaos unterschiedlichster Fracht, die seit Jahren vor sich hingammelte. Niemand wusste, wem das Zeug gehörte, niemand konnte es abholen, aber niemanden schien das zu stören.

Auf jedem Kran saßen ein Führer und auch ein Öler, der nichts anderes tat, als den Zylinder der Hydraulik zu schmieren. Jahre später, als die Kräne elektrisch liefen, hockten die Öler noch immer auf den Kränen – obwohl es gar nichts mehr zu schmieren gab. Ich wunderte mich, als ich zusah, wie Autos auf die *Bussard* verladen wurden: Fünf, sechs Docker schoben ein Auto, das auch vier Arme leicht bewegt hätten. Die Erklärung war einleuchtend: Für jeden Wagen, den ein Arbeiter mitgeschoben hatte, bekam er einen Schilling extra. Also packten alle mit an, mit schmutzigen Handschuhen. »Fingerprints on top of the cars« stand in jedem Ladebericht.

Gestohlen wurde nie etwas. Nur einmal fehlten einige Flaschen Bier. Der Dieb, ein neues Mitglied der Gang, wurde von den eigenen Leuten erwischt. Sie hielten Rat und entschieden sofort: Der Mann hatte die fehlenden Flaschen beim Steward neu zu kaufen und die Vorräte aufzufüllen. Den Hafen durfte er nie wieder betreten.

Zu den Dingen, an die ich mich weniger gerne erinnere, gehörte die Qualität des Flusswassers. Es gab eine Regel: Wer in die Themse fiel, musste anschließend ins Krankenhaus, um sich den Magen auspumpen zu lassen. Das Wasser war eine trübe, stinkende, verseuchte Brühe, denn die Becken hatten kaum Zufluss. An Bord durften keine Toiletten benutzt werden, damit die Lage nicht noch schlimmer wurde. Im Winter froren gelegentlich die sanitären Einrichtungen an der Pier ein – Matrosen und Offiziere gingen ihren Geschäften in getrennten Örtlichkeiten nach –, was bedeutete, dass Mitarbeiter der Hafenverwaltung mit Eimern umhereilten, um nachzuspülen.

Wenn nachts der Wind die Richtung wechselte, konnte man davon geweckt werden, dass Leichter gegen die Bordwand knallten. Sie trieben quer durch den Hafen, weil es niemand für nötig hielt, sie anzubinden. Wozu auch? Die Schleuse wurde nur bei Hochwasser geöffnet, sodass sie gegen den Strom nicht davonschwimmen konnten. Schleusen war wegen der musealen Technik ein komplizierter, umständlicher Vorgang, und es war bekannt, dass jene Schiffe bevorzugt wurden, mit deren Besatzung sich der Schleusenwärter gut verstand. Wir kamen mit der *Bussard* meist zügig an die Reihe, weil er auf der Brücke einen deutschen Schnaps kippen konnte.

Es gab keine Hektik in diesen Tagen, wenig Eile, keinen Stress. Vor allem aber spürte man eine menschliche Wärme, die ich später nie mehr erlebt habe. Der Kapitän der *Bussard*, ein netter, stets freundlicher Familienvater, war überraschend an einem Herzinfarkt gestorben. Es war eine Tragödie, und als die Docker davon erfuhren, fragte mich Billy, der Vorarbeiter mit den schmutzigen Händen: »Was passiert mit seinen beiden Jungen?« Als wir das nächste Mal festmachten, standen die Docker mit großen Kartons an der Pier.

Sie hatten Geld gesammelt und den Kindern Geschenke gekauft.

....

Kapitän Gottfried Hilgerdenaar, Jahrgang 1925,
wuchs auf einem Bauernhof am Teutoburger Wald
auf. Als ihn ein Berufsberater in der Schule fragte,
was er werden wolle, antwortete er: »Seemann.«
Hilgerdenaar wurde Funker der Kriegsmarine, überlebte
den Krieg auf einem U-Boot und heuerte als Hochsee-
fischer an. 1959 machte er sein Kapitänspatent, blieb
aber ab 1962 an Land, seiner Kinder und der Familie
zuliebe. Bis zu seiner Pensionierung fuhr Hilgerdenaar
die Schwimmkräne eines großen Bergungsunternehmens.

8 MELODY BAR

....

»Was scheinbar lustig beginnt, wird für den Kapitän zum Albtraum. Ein Blick hinter die Kulissen eines Klischees. Auch deshalb mag ich die Kapitänsgeschichten so sehr: Sie sind lehrreich, ohne lehrerhaft zu sein.« *~ Axel Prahl*

....

12° 31' N / 70° 1' W
ARUBA
FRACHTER »BÄRENFELS«
IN DEN 1950ER-JAHREN

Die Nacht auf der Karibikinsel ist schwül, die Mädchen sind hübsch und die Drinks hochprozentig. Als der Matrose mit dem Akkordeon wieder zu sich kommt, ist sein Schiff ohne ihn ausgelaufen. Was nun? HORST HAHN erlebt in den nächsten Monaten, wie anstrengend das Schattenleben auf Aruba ist.

Neben einer gut sortierten Pornosammlung ist die Qualität der Mahlzeiten wichtig während einer langen Reise auf See. Je schlechter das Essen, desto schlechter ist die Laune der Mannschaft, das ist die Regel. Auf meiner ersten Fahrt als Leichtmatrose, es ging auf einem Frachter von Bremen nach Hongkong, hatten wir noch nicht den Sueskanal erreicht, als eine Meuterei drohte. Was unser »Smutje«, ein stämmiger, etwas dösiger Kerl namens Fidus, zusammenrührte, stellte unsere Geschmacksknospen vor unlösbare Probleme. Selbst die simpelsten Reisgerichte rochen säuerlich, und wenn die Tür zu seiner Kombüse offen stand, erinnerten die Dünste, die herauswaberten, an einen ungelüfteten Schweinestall.

An wenig luxuriöse Lebensbedingungen waren wir gewöhnt. Eine Rattenplage setzte unserer Moral zu, und die Kakerlaken krabbelten in Scharen durch die Unterkünfte. Zum Zeitvertreib veranstalteten wir Rennen, indem wir die Schaben mit Feuerzeugen über Glasplatten laufen ließen. Der Fraß von Fidus gab uns den Rest. Im Namen der Matrosen beschwerte sich der Bootsmann bei der Schiffsführung. Nach einem Probeessen – Fidus servierte eine Erbsensuppe, die gegen die Biowaffenkonvention der Vereinten Nationen verstieß – entband man den Smutje von seinen Aufgaben. Wie sich herausstellte, war er ein gelernter Mechaniker, dessen kulinarische Qualifikation darin bestand, dass er in der Kantine einer Werft Kessel gewartet hatte. Wie so oft hatte die Reederei Kosten gespart, und wie so oft auf Kosten der Seeleute. In Hongkong, das versprach uns der Kapitän, sollte ein echter Koch angemustert werden.

Die Wahl fiel auf Shang, einen klein gewachsenen, leisen Chinesen, der samt seiner Familie und drei kleinen Kindern an Bord kam. Gleich seine erste Mahlzeit begeisterte uns: ein wunderbares Curry, perfekt zubereiteter Reis, Gemüse, dazu dieses weiße, zarte Fleisch. Shangs Gerichte wurden zum Höhepunkt jedes Tages. Besonders das Geflügel war eine Sensation. Die Laune an Bord stieg mit jedem Essen. Nach einer Woche auf See aber begann ich mich zu wundern: Woher kam diese große Menge Hühnchen, die auf dem Speiseplan stand?

Die Reederei, bekannt für ihren Geiz, hatte dies gewiss nicht angeordnet.

Ich fragte den Storekeeper, der für die Vorräte zuständig war, doch auch er wusste keine Antwort. »Wir haben nur einen Käfig mit Geflügel an Bord«, sagte er. Entweder besaß Shang also die Gabe, Hühner auf wundersame Weise zu vermehren, oder etwas ging nicht mit rechten Dingen zu. Ich zählte die Hühner und wartete ab. Einen Tag später servierte der Smutje ein Ragout, ein Hühnchenragout, doch meine Kontrolle hinter Maschendraht ergab: Kein Huhn fehlte. Ich bekam keinen Bissen mehr herunter: Hatte die Rattenplage nicht stark nachgelassen?

Geheimnisse bleiben an Bord eines Schiffs niemals lange geheim. Einige Matrosen stellten Shang zur Rede. Der Chinese, völlig verängstigt, gab schließlich zu, mit einer Art Fangnetz täglich einige Ratten erbeutet und in die Pfanne geschnibbelt zu haben. Einige Seeleute wurden so wütend, dass sie Shang verprügeln wollten, was der Erste Offizier im letzten Moment verhinderte, indem er Shang unter seinen persönlichen Schutz stellte. In Indien mussten der Smutje und seine Familie das Schiff verlassen. Ich war der Jüngste an Bord und überrascht, als mich der Erste fragte, ob ich die Küche übernehmen könnte. Schlimmer als unter Fidus dem Fürchterlichen konnte es nicht schmecken, Ratte war tabu – was sollte schiefgehen? Ich gestaltete einen Speiseplan auf Basis von Bratkartoffeln mit Speck. Die Hausmannskost, die ich mir bei meiner Mutter abgeschaut hatte, schien meinen Gästen zu schmecken. Als wir in Bremen einliefen, beförderte man mich vom Leichtmatrosen zum Matrosen.

Kapitän »Schorse« war als Mann mit einem Faible für deftige Scherze bekannt. Einmal, als wir nach einer langen Reise in Bremen festmachten und mit der Straßenbahn in Richtung Innenstadt ratterten, trieb er es auf die Spitze. Es war ein grauer Herbsttag, es hatte zu nieseln begonnen und die Scheiben der Tram waren beschlagen wie in einer ungelüfteten Waschküche. Ein Fahrgast erkundigte sich: »Wo sind wir?« Käpt'n Schorse öffnete ein Fenster, nahm sein Glasauge heraus, hielt es hinaus und rief: »Nächste Station: Finndorf!«

Humor ist ein Begleiter, der einem durch dunkle Stunden hilft, aber dass der richtige Scherz im falschen Moment Probleme bereitet, bekam ich aus der Kanone eines russischen Kriegsschiffs zu spüren. Als Erster Offizier fuhr ich auf der *Admiral Luckner* von Bremerhaven durch die Baringsee, um Holz zu holen, und uns kam im Nebel nahe der Stadt Murmansk ein Zerstörer der Roten Flotte entgegen. »Wie heißt Ihr Schiff? Wo fahren Sie hin?«, morste man uns an, was ich sofort erwiderte. Die Frage wurde wiederholt, noch zwei weitere Male. Und wieder. Ich wunderte mich, aber ich wiederholte artig meine Antworten.

Nach der fünften Frage wurde mir das Quiz langweilig. »Wie heißt Ihr Schiff? Wo fahren Sie hin?«, morsten die Russen, und diesmal gab ich zurück. »Agathe Hackbrett auf dem Weg von Tampico nach Arizona!« Keine Antwort. Dann signalisierte das Kriegsschiff: »Maschine stoppen, oder wir eröffnen das Feuer!« Ich dachte: »Ihr tickt doch nicht richtig«

97

und fuhr weiter. Bis ein Schuss vor dem Bug einschlug. Von der Detonation geweckt, erschien Käpt'n Schorse auf der Brücke: »Hahn! Was ist los?« Meine Erklärung, in einem Akt humoristischer Notwehr gehandelt zu haben, überzeugte ihn wenig. »Hahn, sind Sie verrückt geworden«, stieß er hervor, und dann beobachteten wir, dass der Zerstörer ein Motorboot zu Wasser ließ. Mit vorgehaltenen Maschinenpistolen und unter schwarzen Masken brauste eine Einheit auf uns zu und ging an Bord. Die Russen – sie sahen nicht aus, als lachten sie gerne und ausgiebig – übernahmen die Brücke. Wir liefen Murmansk an.

In den Verhören, die nun folgten, stellte sich heraus, dass Kadetten auf der Brücke des Kriegsschiffs ihre Morsetechnik üben wollten, weshalb einer nach dem anderen die Fragen absetzte. Über meine Frechheit war man wenig amüsiert, und die Frage, wie der Stolz der Roten Flotte wiederhergestellt werden könne, drohte eine zähe Angelegenheit zu werden. Kostbare Zeit. »Mein Erster Offizier ist ein Flegel«, entschuldigte sich Kapitän Schorse. Ich spielte den Zerknirschten und bot als Geste tief empfundener Reue an, die Offiziere zu einem Drink einzuladen. Wenig später saßen wir mit mehr als 30 russischen Militärs unter einem Roten Stern im Offizierskasino und stießen an: »Na sdarowje!«

Die erste Runde – Wodka in randvollen Wassergläsern – ging, wie mir Schorse zuraunte, auf meine Rechnung. »Auweia«, dachte ich, als ich sah, mit welcher Zielstrebigkeit die Offiziere den Schnaps herunterspülten und schon die nächste Bestellung aufgaben. »Zum Zeichen des Friedens wollen auch wir Sie einladen«, sprach nun einer von ihnen auf Englisch, und ich behaupte, ein leises, diabolisches Lächeln bemerkt zu haben. Jeder Einzelne von ihnen lud mich ein, und die Einladung eines russischen Offiziers auszuschlagen, galt als unfeiner als mein »Agathe Hackbrett«-Affront. Zum Wohle der Reederei gab ich also mein Bestes, merkte aber, dass mir bereits nach dem dritten Glas schummrig zumute wurde. Ich eilte zur Toilette, um die erste Runde zurückzugeben, doch ich spürte, dass dies nicht ausreichen würde, um die nächsten Stunden zu überstehen. Wenig später wurde es dunkel.

Zwei Tage später kam ich im Militärkrankenhaus von Murmansk wieder zu mir. Mit einem Gefühl, als tobten Eichhörnchen durch meinen Schädel. Ohne eine Sonde, mit der man mir eilig den Magen auspumpte, wäre ich womöglich gar nicht wieder aufgewacht. Kapitän Schorse ließ mich abholen und gestattete mir gnädigerweise, bis zum nächsten Tag zu ruhen. Ich fühlte mich elend, eine Woche lang spürte ich eine furchtbare Übelkeit, aber zum Wachdienst musste ich antreten.

»Das ist die gerechte Strafe«, raunte mir Schorse zu, »und Hahn: Erwähnen Sie nie wieder den Namen ›Agathe Hackbrett‹ auf meiner Brücke.«

Kommen Seeleute zusammen und sprechen über alte Zeiten, dauert es nicht lange, bis die sagenhafte Loyalität auf See zur Sprache kommt: Kameradschaft! Zusammenhalt! Männerwelt! Ich muss dann abhauen, denn ich kann mit diesen Mythen, die man sich Jahrzehnte später ausdenkt, wenig anfangen. Was damit zusammenhängen mag, dass mich meine sogenannten Kameraden einmal betrunken in der »Melody Bar« auf Aruba zurückließen.

Die Erinnerungen an den Abend handeln von karibischen Schönheiten, von süßen Drinks und von deutschen Seemannsliedern. Ich bin ein passabler Akkordeonspieler und schleppte mein Instrument auf jeder Reise mit. »La Paloma«, »Hamburger Veermaster« oder das »Helgolandlied« gehörten zum Repertoire und sorgten auch in der »Melody Bar«, einer Spelunke mit angeschlossenem Freudenhaus, für eine ausgelassene Stimmung wie auf der Reeperbahn: Matrosen und Mädchen sangen und tanzten auf dem langen Tresen. Als Akkordeonspieler musste man selten einen Drink zahlen, was mich den Überblick verlieren ließ. In einer Wolke aus Tanz, Alkohol und verschwitzter Leidenschaft wurde es dämmerig. Filmriss.

Ich wachte unter einem Tisch wieder auf, und es dauerte einige Sekunden, bis mir klar wurde, wo ich mich eigentlich befand. Mit einem Schlag war ich dann sehr wach: Wo waren Maschinist »Karlchen« und Matrose Jochen, mit denen ich den Abend verbracht hatte? Und wie spät war es eigentlich? Mein Schrecken wurde immer größer, denn es war schon sieben, und unser Frachter *Bärenfels* sollte um halb sieben auslaufen. Das Schiff! Mit dem Akkordeon unter dem Arm hastete ich zum Hafen. Manchmal verspäteten sich Frachter, und bestimmt, so hoffte ich, würde man einige Minuten auf mich warten. Man konnte mich doch nicht einfach zurücklassen!

Doch der Liegeplatz war leer. Ich ging zur Zollbehörde, in der mich ein Beamter mit einem mitleidigen Blick empfing. Der Kapitän hatte mein Fehlen bereits den Behörden gemeldet, sodass ich zumindest keine Probleme hatte, mich zu legitimieren, obwohl sich meine Papiere mit der *Bärenfels* auf dem Weg nach Chile befanden. Meine Stimmung schwankte zwischen Verzweiflung und Wut: Warum nur hatten Karlchen und Jochen mich nicht zurück an Bord gebracht? Und warum waren sie nicht spätestens im Morgengrauen in die Bar geeilt, um mich zu holen?

»Melde dich beim Agenten«, riet mir der Zollbeamte, was ich tat, doch der Reedereivertreter, ein schmieriger, unsympathischer Kerl, sagte nur einen Satz: »Sieh zu, wie du zurechtkommst.« Ich war nun auf mich alleine gestellt, und die einzigen Personen, die ich auf der Insel kannte, waren die Mädchen in der »Melody Bar«. Ich sprach beim Wirt vor, er hieß Pedro, ein Spanier mit einem Schnauzbart, auf den jedes Walross neidisch gewesen wäre, und tatsächlich hatte Pedro auch etwas von einem gutmütigen Walross. »Du kannst bleiben, wenn du jeden Abend das Akkordeon spielst«, sagte er, »tagsüber hilfst du den Mädchen. Als Gegenleistung wohnst du umsonst, bekommst Essen umsonst und ein paar Gulden für den Bus.«

Mein Nachtdienst begann um zehn und endete meistens gegen vier in der Frühe, wenn die letzten Betrunkenen zu ihren Schiffen torkelten. Tagsüber half ich den Mädchen, Besorgungen zu machen, kaufte Kondome und Seife, fegte den Hof, reinigte die Unterkünfte und bezog Betten. Kalfaktor in einem Bordell auf Aruba zu sein, das mag romantisch klingen. Aber es war alles andere als romantisch. Es war anstrengend, und vor allem war es deprimierend. Jeden Abend als lebendige Musikbox für die Besoffenen aller Länder zu klimpern, in der Schwüle der karibischen Nächte, das war kein Vergnügen. Mir taten die Mädchen leid. Die meisten verabscheuten ihre Arbeit und betäubten ihren Schmerz mit Alkohol. Sie weinten viel. Nur zwei abgetakelte Huren, die innerlich längst gestorben waren, schien der Alltag wenig auszumachen. Immer wieder kam es zu Streitigkeiten, und wenn sich einer der Matrosen als besonders spendabel erwies, gingen sie im Stile von Hyänen auf die anderen los. Alleine der beruhigenden Art von Pedro war es zu verdanken, dass die Dinge nicht außer Kontrolle gerieten.

Nach drei Wochen hatte ich genug Geld gesammelt, um mit dem Bus in die Inselhauptstadt zu fahren, wo ich den deutschen Konsul um Hilfe bat. Es war genug, ich wollte zurück nach Hause. Der Konsul versprach, sich mit meiner Reederei, der Hansa aus Bremen, in Verbindung zu setzen, aber mehr könne er nicht für mich tun. Vier Monate, vier lange Monate vergingen, bis die *Bärenfels* wieder auf Aruba anlegte. Mein Abschied von der »Melody Bar« fiel wenig sentimental aus, ich bedankte mich bei Pedro, wünschte den Mädchen Glück und ging an Bord, gespannt, von »Karlchen« und Jochen zu erfahren, warum sie mich im Stich gelassen hatten.

»Uns ist gar nicht aufgefallen, dass du gefehlt hast«, sagten sie lapidar. Der Kapitän ließ sich zu keiner Bemerkung herab, und es wurde eine traurige Rückreise über den Atlantik, auf der ich mich von der Mannschaft isolierte. Meine Enttäuschung über die Gemeinheit wog schwer, aber ich zog meine Lehren: Meine Freunde suchte ich fortan sorgfältiger aus. Und ein Bordell habe ich auch als junger Seemann nie wieder betreten.

....

Horst Hahn, Jahrgang 1933, wuchs im westfälischen Münster auf. Er begann 1951 mit der Seefahrt und durchlief eine klassische Karriere zum Kapitän. Als ihm der Beruf mit Beginn des Containerzeitalters nicht mehr gefiel, steuerte er eine Zeit lang die Jacht eines Unternehmers durchs Mittelmeer und nahm am Admiral's Cup teil. Hahn gründete eine Reederei für Seebestattungen, die heute weltweit tätig ist und zu den größten in Deutschland gehört.

103

⁹ DER BRUMMER VON INDIANER-FIETJE

....

»Eine Geschichte wie aus einem Kurzfilm von Detlev Buck. Kurios, witzig, authentisch. Echtes Leben, wie ich es liebe!« *~ Axel Prahl*

....

68° 30' N / 10° 34' W W
ZWISCHEN ISLAND UND DER INSEL JAN MAYEN
FISCHDAMPFER
ENDE DER 60ER-JAHRE

ie Besatzungen von Fischdampfern genießen einen besonderen Ruf: raue Kerle, die bei minus 20 Grad im Nordmeer arbeiten, gerne mal am Kneipentresen übernachten und die Heuer in den Puff bringen. HEINZ GÖTZIE kennt den Stolz und die Arbeitsethik der wilden Kerle – und eine besondere Einnahmequelle von Indianer-Fietje.

Eines vorweg: Fischdampferkapitäne sind schlimme Lügenbarone. Ich erinnere unzählige Konversationen mit den Kollegen im Fanggebiet, bei denen man so gelangweilt wie möglich ins Funkgerät murmelte.

»Du, hier ist gar nix los. Wie ist denn bei dir?«

»Och, hier ist es auch sehr, sehr ruhig«, kam als Antwort zurück.

Dabei hatte man Probleme, die prallen Netze überhaupt an Bord zu bekommen. Aber jeder Kapitän war eben so gut wie sein letzter Fang, und jeder musste schauen, wo er blieb. Den Druck des Reeders, mit einem vollen Kühlraum einlaufen zu müssen, spürte man als Kapitän immer. Ein ganzes Leben lang hatte man auf den Job hingearbeitet, und wenn es dann nicht gut lief, hörte man schon den Reeder sagen: »Ach wissen Sie, nehmen Sie mal Urlaub, erholen Sie sich mal.« Davor hatte jeder Angst.

Ich erinnere auch Fahrten, zum Beispiel auf Hering vor Island, die liefen so unglaublich gut, dass es kaum vier Stunden dauerte, bis der Laderaum bis auf den allerletzten Kubikzentimeter gefüllt war. Wir mussten die Netze aufschneiden, weil sie so prall waren; einmal wären wir fast abgesoffen, weil das Gewicht des Hols – so nennen wir den Fang – zu schwer war. Wir hatten keinen Platz mehr für ein einziges Fischstäbchen. Ich rief damals den Reeder an und sagte:

»Wir kommen zurück. Wir sind voll.«
Er antwortete: »Wie, voll? Bis du bescheuert?«

Ich erinnere andererseits, dass wir Jahre später mit einem anderen Dampfer zwischen Island und der Insel Jan Mayen lagen und das Meer von den Positionslichtern der russischen und ostdeutschen Fangfabriken hell erleuchtet war. Das Wasser schimmerte in der Dunkelheit, wie eine Großstadt. Ich dachte damals: Wie lange kann das gut gehen? Spanier, Franzosen, Portugiesen, Engländer, wir, alle mischten mit und fingen alles weg.

Dabei vergaßen wir, dass das Meer nicht unerschöpflich ist.

Ende der 60er-Jahre, als das Wirtschaftswunder auf allen Zylindern lief und jeder Arbeit hatte, war es nicht immer leicht, überhaupt eine Mannschaft zu finden. Fischer war ein ziemlich gefährlicher Beruf, Knochenarbeit in der Kälte, wochenlang unterwegs auf hoher See – wer wollte diese Arbeit schon machen? Es zog eine besondere Sorte Männer an, und wenn es nicht genügend anzog, hielt der Peterwagen an der Pier und lud Gefängnisinsassen aus, die an Abwechslung interessiert waren.

Meine schwierigste Fahrt war mit dem Dampfer *Glücksstadt*, den ich auf drängende Bitten des Reeders kurzfristig übernommen hatte, sehr kurzfristig. Wenige Stunden nachdem wir aus Kiel ausgelaufen waren, erfuhr ich von meinem Steuermann auch, warum: Mein Vorgänger hatte sich aus Furcht vor dem wilden Haufen in seiner Kammer eingeschlossen und war gar nicht mehr auf die Brücke gekommen. Hunderte Flaschen Alkohol lagerten versteckt an Bord. Ich überlegte kurz, was zu tun war. Dann rief ich den Reeder an:

»Hör zu, ich drehe jetzt bei und komme zurück nach Kiel. Ich brauche in ein paar Stunden zwölf neue Matratzen – und zwölf Mann neue Besatzung!«

»Ja, aber ...«, wandte er ein.

»Willst du mit denen rausfahren? Na dann, bitte schön!«, schnauzte ich nur, mein Entschluss stand fest. Reiner Selbstschutz – denn abgesehen von einer Menge Ärger, der anstand, wäre die Reise unter diesen Umständen niemals erfolgreich verlaufen. Ich aber wäre meinen Ruf los gewesen und am Ende natürlich auch meinen Job. Weil ich ahnte, dass die Mannschaft nicht begeistert auf den Kurswechsel reagieren würde, alarmierte ich zur Sicherheit auch die Wasserschutzpolizei.

Ob ich Angst hatte? Natürlich, ich hatte die Hose voll! Die Kunst aber ist, das nicht zu zeigen. Die Tür zur Kammer musste, anders als bei meinem unglücklichen Vorgänger, immer weit offen stehen. Tatsächlich kamen Mitglieder der Mannschaft auf die Brücke und fragten aufgebracht, warum wir zurückliefen. Ich erklärte ihnen äußerlich ganz ruhig, dass es eben die kürzeste Ausfahrt meiner Laufbahn wäre. Wir mussten vor Kiel noch einmal kurz vor Anker gehen, bei zehn Windstärken und einer eisigen Kälte.

Trotzdem sprangen drei Männer über Bord, als sie das Boot der Wasserschutzpolizei sahen, und versuchten trotz des Sturms, kraulend abzuhauen. Ich mochte gar nicht wissen, was die alles auf dem Kerbholz hatten.

Auf die richtige Mischung aus Nachsicht und Wahrung des Respekts kam es an, um sich als Kapitän zu behaupten. Die Männer machten einen harten Job, bei jedem Wetter, und wenn sie mal Gelegenheit hatten, den Druck abzulassen, durfte man nicht zu streng mit ihnen sein. Ich weiß ja selbst, wie das ist, bei minus 20 Grad in der Barentssee 72 Stunden am Stück an Deck zu stehen, dann lernst du, im Stehen zu schlafen.

Man musste zu seiner Mannschaft halten, wenn die zum Beispiel in St. Pierre südlich von Neufundland eine Kneipe auseinandergenommen hatte. War wohl etwas heftiger gelaufen, denn die örtliche Polizei alarmierte sogar die Nationalgarde. Die Jungs bekamen den Schaden der zerstörten Pinte oder die Kaution von der Heuer abgezogen und fertig, der nächste Hol wartete. Fischdampferleute suchen an manchen Tagen einen Grund zu Streiten. Das ist einfach so. Meinungsverschiedenheiten mussten ausgearbeitet werden. Wenn es keine Meinungsverschiedenheit gab, stimmte das Abendprogramm nicht, weshalb wir in Seefahrerkreisen einen gewissen Ruf genießen.

Ziemlich primitiv, aber ehrlich, das war in Ordnung. Was ich nicht leiden konnte, waren Zuträger. Auf einer Reise hatte ich einen, der kam immer zu mir auf die Brücke. »Herr Kapitän, wissen Sie eigentlich, was der über sie sagt?« – und dann bekam ich den neuesten Bordfunk zu hören. Das war mir alles scheißegal, die sollten mich nicht lieben, ihr Respekt reichte mir. Der Zuträger bekam direkt nach dem Löschen des Fangs seine Kündigung, so jemanden konnte man wegen des Klimas an Bord nicht gebrauchen.

Wichtig war aber, dass die Männer Befehle befolgten. Einmal war eine Geburtstagsparty an Bord ziemlich aus dem Ruder gelaufen und zu einer »Marmeladenparty« geworden. Man hatte aus der Kombüse die großen Marmeladendosen geholt und sich mit dem klebrigen Zeug beschmissen. Die Wände der Messe sahen aus wie ein sehr großes, aufgeklapptes Frühstücksbrötchen. Auf den Zustand der Sitzmöbel möchte ich nicht weiter eingehen. Ich sagte: »Toll gemacht Jungs, feine Party. In zwei Stunden komme ich hier noch mal rein, dann ist alles so, wie es mal war.« Als ich zwei Stunden später auf einen Pott Kaffee vorbeisah, glänzte und duftete die Messe, als wäre Meister Proper mit seinen großen Brüdern zur Bestform aufgelaufen.

Vor Grönland sind wir einmal auf dem Fischdampfer *Holstein* mit voller Fahrt in einen Eisberg gedonnert, mit mehr als 12 Knoten. Nach einem Wachwechsel hatte der Zweite Offizier übernommen. Eigentlich sollte er ausgeruht sein, aber er hatte am Abend zuvor offenbar zu lange Skat gedroschen. Jedenfalls schlief er ein – und wir knallten auf diesen riesigen Eisberg, den man aus Dutzenden Seemeilen Entfernung erkennen konnte!

Wie in ein Schwimmdock rutschten wir auf den Eisblock – und rückwärts wieder runter. Wir sahen aus wie eine zusammengeschobene Konservendose, und es ist eine echte Sensation, dass wir nicht Leck schlugen. Später in der Werft mussten am Rumpf 30 Stahlplatten ausgetauscht werden. 30 Stück, keine weniger! Der Zweite Offizier hatte solch einen Schreck bekommen, dass er sich aus Furcht vor Konsequenzen im Fang versteckte, zwischen dem Kabeljau. Er zitterte regelrecht vor Angst. Ich versicherte aber, ihm werde nichts passieren und legte beim Reeder einige gute Worte für ihn ein. Ich bin noch einige Male mit ihm gefahren.

Unsere Heizer hießen Johnny, Jimmy oder Indianer-Fietje, das waren wirklich harte Kerle, aber arbeiten konnten die! Sie lebten nicht gerade, wie man sich das im bürgerlichen Sinne vorstellt. Sie waren gewissermaßen Vagabunden der Meere, die an Land keine Wohnung hatten und auch nirgendwo gemeldet waren. Wenn die Fangsaison losging, kamen sie an Bord – und wenn das Schiff in Cuxhaven an der Pier lag, schliefen sie in ihren Kojen. Oder sie übernachteten gleich in der Kneipe, zum Beispiel im »Seestern«. Vor allem Indianer-Fietje war ein klassischer, trauriger Fall: in der Kneipe geboren, in der Kneipe gestorben.

Wenn er nicht auf See war, verdiente er sein Geld mit einem Brummer. Er hatte sich auf seinen Penis eine Hummel tätowieren lassen. Mit der Frage: »Willste mal 'nen dicken Brummer sehen?«, kam er in Cuxhavens Pinten über die Runden. Einmal Brummer sehen, kostete mindestens ein Bier. Für Fortgeschrittene kam dann die nächste Frage: »Willste mal 'nen dicken Brummer fliegen sehen?« Er verschwand dann mal kurz auf der Toilette, um den – sagen wir mal: Aggregatzustand seines Gliedes – zu verändern, was dann die Flügel zum Vorschein brachte. Die Nummer soll sich besonders unter weiblichen Kurgästen größter Beliebtheit erfreut haben.

Andere Kandidaten, die nur eine Hose und ein Hemd besaßen, aber besoffen und nach einer durchzechten Nacht besser arbeiten konnten als andere stocknüchtern, waren der »Große Jochen« und sein Kumpel, der »Kleine Kurt«. Jochen war ein Netzmacher, Kurt ein Decksmann. Wenn es Geld gab – und es gab besser Geld, wenn die beiden an Land kamen, denn einmal schlugen sie mit Worten »Endlich Geld her!« in einer Bank fast eine Panzerscheibe ein, weil es ihnen nicht schnell genug ging – kauften die beiden stets bei *C&A* ein: einen Anzug, ein neues Hemd, eine Krawatte.

Fein ausstaffiert fuhren sie mit dem Taxi ins Bordell. Anschließend in die Kneipe, auf ein paar Runden Pils, dann weiter zum Bahnhof. Mit dem Zug reisten sie nach München, Erster Klasse, wie sich das für feine Herren gehört. Warum nach München? Keine Ahnung, aber dort lief das bewährte Programm zwischen Puff und Pinte, bevor sie – natürlich Erster Klasse – wieder zurückfuhren und sich, meist noch ziemlich betrunken, an Bord ihres Fischdampfers zurückmeldeten. Im *C&A*-Anzug arbeiteten sie dann so lange, bis die Klamotten nicht mehr zu gebrauchen waren.

Für Fischdampferleute gab es in Cuxhaven einen besonderen Service. Wenn einer richtig besoffen war, vor der Abfahrt aber noch mal dringend zum Friseur musste, ließ er sich bei Robert in den Opel Commodore fallen. Robert war klein gewachsen, so klein, dass er gerade übers Lenkrad lugen konnte; es gab in der Stadt einen etwas gemeinen Reim: »Robert Buschrot fährt alle Leute tot.« Die Fahrt ging jedenfalls zur »Kalten Hand«.

Die »Kalte Hand« war ein Friseur, zwei Meter groß und mit unglaublichen Kräften. Er hievte den Besoffenen aus dem Opel, trug ihn in seinen Friseursalon und schnitt ihm die Haare. Muss nicht immer besonders modisch gewesen sein, die Frisur, aber immerhin. Zurück vor der Kneipe übernahm dann der Wirt den Rücktransport an den Tresen. Und wenn der Besoffene aufwachte, stand schon das nächste Pils vor ihm.

Wer an Bord den Schlendrian zuließ, hatte verloren. Es gab mal den tragischen Fall eines Kochs, eigentlich ein guter Mann, der genau wusste, was er in seine Töpfe tat. Leider soff er zu viel. Die Qualität der Mahlzeiten litt, je länger die Reise dauerte, und die Mannschaft beschwerte sich. Auf ein gutes Essen freut man sich auf See manchmal den ganzen Tag lang. In meinem Brötchen fand ich eines Tages dann ein Pflaster, genau dort, wo Kochschinken hätte stecken sollen. Das war zu viel.

Ich fragte mich nur, wie er an so viel Alkohol kam, denn der war – von wenigen Ausnahmen abgesehen – eigentlich streng verboten. Wir durchsuchten die Kombüse, seine Kammer – und fanden nichts. Bis jemandem auffiel, dass wir gewaltige Mengen Backrum an Bord hatten. Damit hätte man die Jahresproduktion einer mittleren Konditorei bestreiten können. Er muss jeden Tag hunderte dieser kleinen Proben geöffnet haben, um seinen Pegel zu halten. Ich musste ihn feuern. Er drohte mir hinterher, mein Haus anzustecken, aber das ist eine andere Geschichte.

Schwere Unfälle kamen leider vor. In einem Fall traf es einen Jungen, 16 Jahre alt, auf seiner ersten Reise. Ein Haken traf ihn am Kopf und brach ihm den Schädel, vor der Küste von Schottland. Es sah übel aus, der Junge musste schnellstens in die Hände von Spezialisten. Die nächstgelegene Anlaufstation war eine Art Stützpunkt der britischen Marine, auf St. Kilda, einer Insel vor der Westküste.

Wir dampften mit voller Kraft dorthin – und bekamen einen ziemlichen Schreck: In der Bucht wimmelte es von Atom-U-Booten! Keine Ahnung, ob die sich im Manöver befanden oder was da los war. Die Militärs waren jedenfalls auch nicht begeistert davon, unseren Fischdampfer zu sehen. Wir durften den Jungen aber absetzen, ich glaube, sie haben ihn in ein Krankenhaus nach Belfast geflogen. Er kam durch. Als wir nach vier Wochen wieder in Cuxhaven einliefen, stand eine Frau an der Pier mit einem kleinen Geschenk. Es war seine Mutter.

....

Kapitän Heinz Götzie wurde 1923 in Elchwinkel an der Memel in Ostpreußen geboren. Weil ihm das Leben auf dem Bauernhof nicht gefiel, lieh er sich Geld und schlug sich nach Hamburg durch. 1938 heuerte er auf einem Kohledampfer an, der ins englische Hull fuhr – seine bislang schlimmste Reise, wie er sagt. Fortan heuerte er nur noch auf Fischdampfern an. Im August 1953 machte Götzie sein Kapitänspatent. Er fuhr 44 Jahre lang fischen und befehligte in dieser Zeit 32 Trawler.

113

10 GEFANGEN IM SUESKANAL

....

»Es war egal, aus welchem Land die Schiffe kamen. Welche Religion die Seeleute hatten. Solch einen Gemeinschaftssinn in einer Notlage, den gibt es nur auf See. Na gut, vielleicht auch noch auf manchen Musikveranstaltungen. Beim Sport wird's da schon wieder komplizierter.« ~ *Axel Prahl*

....

30° 20' N / 32° 22' E
GROSSER BITTERSEE, SUESKANAL
FRACHTER »MÜNSTERLAND«
OKTOBER 1967

Nachts hört man an Bord die Einschläge von Granaten und das Knattern der Gewehre. Der Sueskanal wird von Ägypten blockiert. 14 Schiffe liegen auf dem Großen Bittersee in der Falle. Für Monate? Oder Jahre? WOLFGANG SCHARRNBECK kümmert sich um Abwechslung in der größten schwimmenden Männerpension der Welt.

Jede Reise als Seemann habe ich in eine braune Kladde eingetragen. Die Häfen, Namen der Schiffe und das Stück Meer dazwischen, mit schwarzem Kugelschreiber auf liniertem Papier. Genau 31-mal bin ich zum Beispiel bis Australien gefahren oder 22-mal an der Freiheitsstatue vorbeigekommen. In 36 Jahren auf den Meeren habe ich die Erde 78-mal umrundet und insgesamt 1.691.854 Seemeilen zurückgelegt.

Zur Geschichte, die mir besonders im Gedächtnis geblieben ist, aber konnte ich keinen Hafen notieren und nicht eine zurückgelegte Meile. Die *Münsterland*, Frachter der Reederei Hapag, durfte sich nicht bewegen. Sieben Monate blieb ich an Bord, eine Zeit zwischen Abenteuer und Langeweile, die den Beweis lieferte, dass Solidarität unter Seeleuten sogar zwischen Fronten funktioniert.

Die *Münsterland* war am Morgen des 5. Juni 1967 in einem Konvoi in den Sueskanal eingelaufen und mitten in den sogenannten Sechstagekrieg zwischen Ägypten und Israel geraten. Neben den Schiffen fielen Bomben auf die Ufer, die ägyptische Flak legte, so meldeten das die Nachrichtenagenturen, eine »Feuerglocke« über den Kanal. Im Großen Bittersee, den man nach etwa einem Drittel der Strecke erreicht, passierte der Gegenkonvoi aus Port Said. Doch als die Schiffe wieder Fahrt Richtung Mittelmeer aufnehmen wollten, untersagten ägyptische Lotsen die Weiterfahrt. Einige Tage später blockierten die Militärs den Wasserweg mit Wracks – und nun lagen die 14 Schiffe des Konvois, darunter Frachter aus Polen, England, Skandinavien und Bulgarien, fest.

Am 16. Oktober erhielt ich das Kommando, Kapitän Hoffmann von Bord abzulösen. Ich flog nach Kairo und wartete einige Tage in einem Hotelzimmer. Ein schwedischer Kapitän sollte mitkommen, tauchte aber nicht auf. In einem Taxi fuhren der Agent der Reederei und ich los. Mehrere Stunden ging es durch die Wüste; viermal wurde der Wagen an Straßensperren angehalten. In der Ferne hörten wir Geschützfeuer.

Am Ufer des Bittersees wartete eine Barkasse, die mich an Bord der *Münsterland* brachte, sorgsam beobachtet von zwei ägyptischen Militärpolizisten. Das Boot wartete, bis Kapitän Hoffmann seine Sachen aus der Kabine geholt hatte. Uns blieben nur ein paar Minuten für die Übergabe. Wir sprachen über die Lage auf dem See und die Arbeiten, die auf dem Schiff erledigt worden waren. Dann verabschiedete sich mein Kollege.

Die *Münsterland* sah aus, als wäre sie gerade aus der Werft gekommen. Die Mannschaft, eine Notbesatzung von 21 Mann, hatte die Zeit genutzt, Aufbauten frisch zu streichen und Reparaturen zu erledigen. Ich fühlte mich sofort wieder heimisch auf »meinem« Schiff, mit dem ich bereits sechs Reisen gefahren war. Die Stimmung an Bord? Wirklich gut, vor allem, wenn man bedenkt, dass wir ja mitten in einem Kriegsgebiet ankerten. Nachts hörte man immer wieder dumpf die Einschläge von Granaten und das Knattern von Gewehren. Immer wieder brausten auch Kampfjets im Tiefflug über unsere Masten.

Was den Proviant betraf, mangelte es an nichts, vor allem hatten wir genug Eier an Bord. Ungefähr siebeneinhalb Millionen Stück, um genau zu sein. (Es gab Order, die Eier regelmäßig im Kühlraum umzudrehen, damit sie nicht so schnell schlecht wurden.) Weil manche der anderen Frachter auch Lebensmittel geladen hatten, tauschten wir. Ich erinnere köstliche Mahlzeiten unseres Kochs, Hummermajo oder Räucherlachs oder Steaks. Wir hatten australische Weintrauben in unseren Kühlräumen, mit denen wir regelmäßig die Kollegen des bulgarischen Frachters *Vassil Levsky* belieferten, die daraus einen vorzüglichen Schnaps brannten. Als unsere Äpfel begannen, gammelig zu werden, bot die Reederei Hapag diese der ägyptischen Regierung als Geschenk an. Präsident Nasser persönlich lehnte in einem Brief ab, ziemlich unfreundlich übrigens.

Auf dem Großen Bittersee lebten wir wie in einer schwimmenden Männerpension. Die Gesundheitsversorgung übernahm ein Arzt an Bord des polnischen Schiffs *Boleslaw Bierut*, mit einer täglichen Sprechstunde von acht bis elf Uhr. Jeden Sonntag fuhren alle Offiziere in Rettungsbooten zur deutschen *Nordwind*, zur »Kirche«, wie wir das nannten. Die Gesangsbücher aber hatten Henkel: Es handelte sich um einen Frühschoppen. Mit der Zeit entstanden tiefe Freundschaften unter den Seeleuten. Mitten in einem Krieg lieferten wir ein Symbol für internationale Verständigung.

Niemand von uns wusste, wie lange wir noch festliegen sollten. Dass sämtliche diplomatische Bemühungen der Regierungen und auch der UNO scheiterten, bekamen wir nur am Rande mit. Wir waren Teil eines politischen Pokerspiels in Nahost geworden. Einmal schien eine Lösung der Blockade nahe zu sein, als ägyptische Boote untersuchten, wie die Wracks im nördlichen Teil des Kanals gehoben werden konnten. Weil sie von den Israelis beschossen wurden, hatte sich auch dieser Anlauf erledigt.

Zu unserem größten Gegner wurde die Monotonie. Wir veranstalten Skatturniere und spielten stundenlang *Mensch ärgere dich nicht*, segelten Regatten in Rettungsbooten und trugen Fußballmeisterschaften an Deck aus. Wir angelten, lösten ein Kreuzworträtsel nach dem anderen. Alle drei Monate bekamen wir von unserer Reederei über die Agentur in Kairo ein paar Filme geschickt, die wir in einem provisorischen Bordkino zeigten; Western und Heimatschnulzen waren besonders beliebt. Jeden Abend notierte ich kurz, was am Tage so geschehen war: 28.10. Skat; 1.11. Dieselöllieferung; 19.11. Proviantausgabe. 17.12. Regenschauer!

Weil ich Order hatte, die Maschine so gut in Schuss zu halten, dass sie jederzeit fahrbereit war, bat ich darum, das Schiff einmal im Monat bewegen zu dürfen. Unser Agent kümmerte sich darum, und zu meiner Überraschung entsprachen die ägyptischen Behörden dem Wunsch. Wir fuhren zwar nur ein paar Runden im Kreis, aber das bot trotzdem eine Abwechslung. Und gab einem das beruhigende Gefühl, im Falle einer Lösung der Blockade sofort Richtung Heimat aufbrechen zu können.

Wenn an Bord wenig zu tun ist, vermisst man seine Familie umso mehr. Die Kommunikation war schwierig, weil Telefone nicht funktionierten und Funkverkehr generell verboten war. Über unsere Agentur konnten wir Telegramme absetzen, sonst blieb uns nur der Postweg. Die ägyptischen Zensoren lasen jede Zeile mit. Immerhin wurden die Briefe von der ägyptischen Post abgestempelt, obwohl wir in der Not unsere Briefmarken selber malten. Ein tschechischer Kapitän von der *Lednice* hatte die Idee gehabt. Mit der Zeit sahen unsere Sondermarken vom Bittersee tatsächlich professionell aus. Heute sind sie begehrte Sammelobjekte für Philatelisten in aller Welt.

Wir machten das Beste aus unserer Situation, gründeten die stolze Great Bitterlake Association (G. B. L. A.) und komponierten dafür sogar eine Hymne, auf der Basis von »Yellow Submarine«. Das Lied der Beatles hatte für uns eine besondere Bedeutung, weil die Schiffe nach einem Sandsturm mit einem gelben Film überzogen waren. Ich erinnere aber auch einsame Stunden, in denen man in seiner Kabine hockt und Tonbänder hört. Als Kapitän darf man sich nicht mit der Mannschaft verbrüdern. Mancher Kollege kam damit nicht so gut klar. Von einem weiß ich, dass er Trost im Alkohol suchte und nicht mehr davon loskam.

Kurz vor Weihnachten begannen die Besatzungen der vier englischen Schiffe damit, einen Weihnachtsbaum aus Bordmitteln zu bauen. Vier Meter hoch, auf einem verankerten

Floss, damit ihn alle Eingeschlossenen sehen konnten. Ein Baum aus Holzresten, mit Zweigen aus gefaltetem Segeltuch. Die Glühbirnen wurden durch ein Kabel mit einem Schiff verbunden, das immerhin bis kurz vor Silvester hielt. Ein Reporter der Illustrierten »Quick«, er hieß Mühmel und trug einen Trenchcoat, brachte einen richtigen Weihnachtsbaum vorbei. Wenigen Journalisten wurde der Besuch von den Behörden gestattet, für maximal anderthalb Stunden.

Als ich am 5. Mai 1968 abgelöst wurde, war ich einigermaßen erleichtert. Für die *Münsterland* sollte die Reise noch viel länger dauern. Erst am 24. Mai 1975, nach acht Jahren, drei Monaten und fünf Tagen, lief sie im Hamburger Hafen ein. Die deutschen Schiffe waren die Einzigen, die nach der Blockade aus eigener Kraft ihre Heimathäfen erreichten. Zehntausende jubelten auf den Landungsbrücken, Feuerlöschboote schickten Wasserfontänen in den Himmel, und die Sirenen von Schleppern heulten. Ich weiß das allerdings nur aus der Zeitung, denn ich befand mich mal wieder auf dem Weg nach Australien.

So steht es in meiner braunen Kladde.

....

Kapitän Wolfgang Scharrnbeck, 1920 in Brandenburg an der Havel geboren, ging im Alter von 17 Jahren als Schiffsjunge auf seine erste Reise. Im Zweiten Weltkrieg durchbrach er die Seeblockade (mit der Vorkriegs-»Münsterland«) und fuhr von Japan aus nach Bordeaux. Während seiner Zeit als Kadett auf dem Schulschiff »Deutschland« überstand er einen schweren Hurrikan. 1955 machte er das große Kapitänspatent und arbeitete hauptsächlich für die Reederei Hapag.

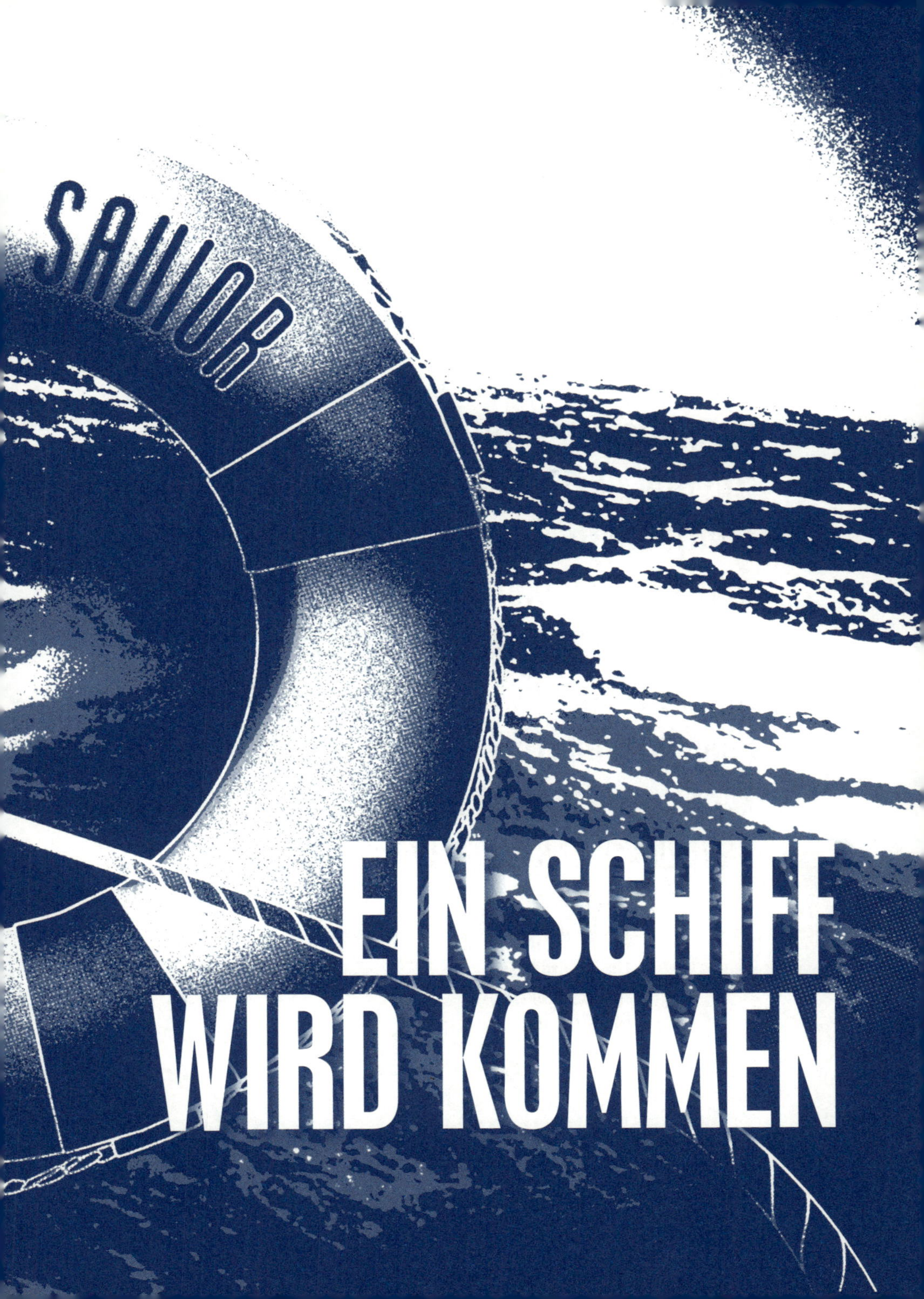
SAVIOR
EIN SCHIFF
WIRD KOMMEN

11 FLAMMENMEER

»Abgesehen von der wirklich hochinteressanten Familiensaga hat mich die Schilderung der dramatischen Schiffskatastrophe gefesselt. Das Bild eines einsamen, gottverlassenen Schiffs am Horizont, das lichterloh brennt, fand ich sehr eindrucksvoll. Ich dachte sofort: Das ist ein guter Stoff für ein Seemannslied! Das muss man sich mal vorstellen: Man ist umgeben von etlichen Millionen Liter Wasser, kann aber das Feuer nicht löschen, ohne das Boot zu versenken! — Wahnsinn!« *~ Axel Prahl*

54° 21' N / 165° 56' W
AUF DER BERINGSEE
TRAWLER »FOREMOST«
IM WINTER 1969

Der schwarze Dieselrauch der »Foremost« riecht anders als gewöhnlich an diesem stürmischen Dezembertag auf der Beringsee. Dann schmelzen plötzlich die Eiszapfen am Dach der Brücke. Kapitän SVERRE HANSEN muss miterleben, wie sich sein Trawler in eine schwimmende Zeitbombe verwandelt – und sieht nur noch einen Ausweg.

Als es begann, lag Kapitän Sverre Hansen in seiner Koje. Es war acht Uhr morgens, Anfang Dezember. Eine graue Dämmerung machte sich gerade daran, die pechschwarze Nacht über Alaska zu verdrängen. Weil der Kapitän fast ausschließlich von Zigaretten und Kaffee lebte, schlief er nie besonders tief. Aber in dieser Nacht war es noch schlimmer als sonst. Sein Schiff, die *Foremost*, bockte in gut sieben Meter hohen Wellen und der arktische Wind heulte bereits mit Windstärke elf. Mehr als Halbschlaf war unter diesen Bedingungen sowieso nicht drin, die Bewegungen seines Schiffs warfen ihn in seiner Koje hin und her. 1945 aus Holz gebaut, war sein 24 Meter langer Trawler eigentlich für den Sardinenfang in weniger rauen Gewässern gedacht.

Der Kapitän und seine Crew von drei Mann kämpften sich nordöstlich von Dutch Harbor durch die Beringsee; auf dem Weg zu den Krabbenreusen, die sie in den Tagen zuvor ausgelegt hatten, hielten sie den Bug ihres Schiffs genau in die Wellen. Der Kapitän hatte fast die ganze Nacht selbst am Ruder gestanden, bis er den Job schließlich um drei Uhr an einen seiner Matrosen übergab, um in seiner Kabine eine Mütze Schlaf zu nehmen. Aber keine Chance. Es war für ihn beinahe eine Erleichterung, als er die schweren Schritte hörte, die von der Brücke den Niedergang herunterkamen. Das passierte nur, wenn etwas schiefging, und das war immerhin ein guter Vorwand, wieder aufzustehen. Schon ging die Tür auf.

»Ich hab keinen Saft mehr, keine Power«, sagte Krist. »Ruderanlage, Funkanlage, nix geht mehr.«

Der Kapitän schwang seine Beine aus der engen Koje. Er schlüpfte in seine Schuhe und stand auf. Er trug Arbeitshosen aus einem schweren Stoff und einen dicken Pullover. Der Kapitän schlief immer in voller Montur. Er folgte Krist auf die Brücke.

Natürlich war der Kapitän nicht gerade glücklich darüber, dass sein Schiff ein Problem hatte, aber er war froh, dass es einen Grund gab, aus dem Bett zu kommen. Er fand einfach keine Ruhe, wenn er nicht arbeiten konnte, Freizeit war für ihn ein regelrechter Kampf gegen die Langeweile. Er arbeitete gerne. Und er arbeitete gerne lange, zwanzig Stunden am Stück waren nicht selten, und wenn es gut lief beim Fischen, dann konnte er auf Schlaf auch komplett verzichten. Es war wohl die protestantische Arbeitsmoral, die ihm sein Vater von klein auf eingedrillt hatte. Faulheit gab es nur bei Memmen und Weicheiern. Arbeit war gesund, und je härter man arbeitete, desto besser. Deshalb war er hier.

Krist pflanzte sich wieder auf den Sitz hinter dem Ruder und legte seine Hand auf den Fahrhebel. Der Kapitän lehnte sich in den Türrahmen und zündete sich erst einmal eine Pall Mall an. Das Schiff kletterte einen Wellenberg hoch, knallte in den Kamm und fiel dann wie schwerelos ins nächste Tal. Die See war rau, aber der Kapitän hatte schon Schlimmeres erlebt. Solange er noch auf der Brücke herumgehen konnte, ohne sich festhalten zu müssen, ohne dass es ihn von den Füßen riss, musste er sich keine Sorgen machen.

Er stand jetzt neben Krist am Steuerstand. Die anderen beiden Matrosen schliefen unten in ihren Kojen. Im Westen war der Himmel wie schwarze Seide, der Sonnenaufgang würde noch ein paar Stunden auf sich warten lassen. In dieser Richtung gab es da draußen aber eh nichts zu sehen; zwischen ihrer Position und der russischen Küste lagen Hunderte Meilen eisiger Ozean. Im Südosten konnte man immerhin schon die Silhouette felsiger Klippen vor einem grauen Horizont erkennen. Das Schiff war nicht weit von Akun Island entfernt. Wenn sie echte Probleme kriegen sollten, konnten sie sich dort in einer geschützten Bucht verstecken und reparieren, was zu reparieren war. In ihrer Crew gab es für alles einen Spezialisten, jeder Fischer war irgendwie auch Mechaniker oder Schweißer, Maler oder Zimmermann, und auch auf Brandbekämpfung verstanden sie sich. Sie konnten im Prinzip mit jedem Problem fertig werden.

Es gab viele Gründe, warum ein Schiff auf See Ärger mit der Ruderanlage bekommen konnte. Vielleicht war eine Hydraulikleitung gebrochen und das Öl, das Druck aufs Ruder geben sollte, war ausgelaufen. Oder es war ein Kabel defekt. Konnte auch sein, dass sich ein Tau in der Schiffsschraube verfangen hatte – es kam ab und zu vor, dass man über die Boje einer Reuse fuhr, die ein anderer Fischer verloren hatte. Aber das konnte es jetzt eigentlich nicht sein, die Maschine brummte gleichmäßig, wie sie immer klang. Das war schon mal ein gutes Zeichen, auch wenn es eine ziemlich heikle Sache war, den Druck aufs Ruder zu verlieren. Konnte trotzdem etwas ganz Simples sein, ein Kurzschluss zum Beispiel oder ein Schaltkreis, der ausgefallen war. Der Kapitän machte sich jedenfalls keine großen Sorgen.

»Ich guck mal nach«, sagte er zu Krist.

Der Kapitän nahm einen tiefen Zug von seiner Zigarette, dann öffnete er die Tür der Brücke raus aufs Deck. Die arktische Kälte traf ihn wie ein Stoß, es war, als würde er in einen frostigen Albtraum eintauchen. Eiszapfen hingen vom Dachvorsprung, und auch die Reling war mit einer dicken Eiskruste überzogen. Das Schiff stampfte und rollte. Er setzte vorsichtig einen Fuß vor den anderen, durch die dünnen Sohlen seiner Schuhe konnte er das eisige Deck spüren. Im Dunkelgrau der aufziehenden Dämmerung sah er immer wieder kurz die weiße Gischt der Brecher aufblitzen, aber die meisten Wellen blieben unsichtbar – mächtige Geister, die das Schiff durchschüttelten. Der Kapitän stemmte sich gegen den Mast, um Halt zu finden, und schaute auf das Arbeitsdeck hinunter. Die Reusen hatten sie alle ausgebracht und er hatte die Crew gestern das Deck schrubben lassen. Es war komplett leer – von der Schneedecke bis zum Heck einmal abgesehen. Alle Leinen, sorgfältig aufgeschossen, lagen unter einer Eiskruste. Der Bordkran ächzte wie ein Galgen im Wind. Die Rettungsringe waren in ihren Halterungen festgefroren, nicht einmal der arktische Sturm konnte ihnen eine Bewegung entlocken. Wenn er erst mal das Problem mit dem Ruder sortiert hatte, würde der Kapitän seine Crew wecken und hier draußen Eis klopfen lassen. So eine Eisschicht auf dem Schiff war tonnenschwer, und es waren schon viele Dampfer gekentert, weil sie unter dieser Extrafracht kopflastig geworden waren.

Der Wind heulte in den Ohren des Kapitäns. Mit dem nächsten Zug von seiner Zigarette vermischten sich heißer Rauch und arktische Luft in seiner Lunge. Der Wind fuhr durch seinen Wollpullover und jagte dem Kapitän einen eisigen Schauer den Rücken hinunter.

Der Kapitän klammerte sich fest an die hölzerne Reling. An Deck schien alles völlig normal. Doch dann schmeckte er etwas in der Luft, was dort nicht hingehörte: Der ölig schwarze Rauch aus dem Schornsteinrohr roch überhaupt nicht nach den typischen Dieselabgasen. Es war schwer zu erklären, es roch irgendwie rauchiger. Der Kapitän kehrte schnell auf die Brücke zurück und hastete den Niedergang runter zur Kombüse und weiter zur Tür des Maschinenraums. Er legte seine Hand auf den Riegel – er war heiß. Der Kapitän drückte die Tür auf, und da, aus den Eingeweiden seines hölzernen Schiffs, schlugen ihm Flammen entgegen. Die Maschinen brannten, das Feuer hatte sich schon bis zum Rumpf vorgearbeitet. Die Hitzewelle und der Rauch stießen den Kapitän förmlich zurück. Er warf die Tür zu und machte kehrt, um seine Crew zu wecken.

»Feuer!«, brüllte er. »Alle Mann an Deck!«

Er kletterte die Leiter hoch und brüllte, so laut er konnte, um seine Crew zu wecken. Zwei Matrosen kamen ihm entgegengestolpert, sie trugen nur ihre Latzhosen, T-Shirts und ihre Schlappen. Zu dritt stürzten sie raus aufs Deck, um den Schlauch von der Trommel zu rollen. Der arktische Wind heulte, aber mit dem Adrenalin, das jetzt durch ihre Körper pumpte, spürten sie die Kälte nicht. Sverre war klar, dass ihnen nur wenige Minuten blieben, um das Feuer unter Kontrolle zu bringen. Das alte, dieselgetränkte Holzschiff war wie ein Pulverfass.

Die Männer gaben ein komisches Bild ab: Sie zerrten am Schlauch wie professionelle Feuerwehrleute – und trugen an den Füßen nur ihre Pantoffeln. Aber was blieb ihnen anderes übrig? Das Schiff ächzte mit jeder Welle, die überkam und die Männer mit eisigem Seewasser durchnässte.

Wie zum Teufel sollten sie diesen Brand bekämpfen? Unter Deck zur Maschine kamen sie nicht mehr, da stand schon alles in Flammen. Und ihr Schlauch war die Standardausführung für den Einsatz auf einem Trawler, aus schwarzem Gummi und etwas dicker als ein normaler Gartenschlauch. Er war dafür gedacht, den Sortiertisch und anderes Gerät abzuspülen – und nicht um Feuer zu löschen.

Aber Sverre hatte eine Idee: Außen am Deckshaus war eine Reihe von Entlüftungsklappen, die Schächte dahinter führten direkt in den Maschinenraum.

»Laufen die Pumpen?«, brüllte er. »Ja, arbeiten einwandfrei«, erwiderte Krist. »Halt mal eine der Klappen auf«, befahl Sverre. Die Männer öffneten einen der Deckel über den Belüftungsrohren und ihr Kapitän schob den Schlauch hinein. Eine echte Verzweiflungstat, denn wenn es ihnen so nicht gelang, das Feuer zu stoppen, dann hatten sie damit den Maschinenraum geflutet und vielleicht sogar das Schiff versenkt. Plötzlich gab es für die vier Männer nichts mehr zu tun, als

auf den Schlauch zu starren, der vor ihnen im Belüftungs-
schacht verschwand. Ob das funktionierte? Sie konnten das
Feuer selbst nicht sehen und deshalb auch nicht feststellen,
ob ihr Plan aufging. Ihre Lage sah jetzt so aus: Das Schiff
war ohne Hydraulik steuerlos, die Brücke verlassen. Ihr Kahn
war ein Spielball der Elemente. Sie schlingerten seitwärts die
Wellen hoch und kippten über den Kamm ins nächste Tal.
Dazu heulte der Wind.

Schließlich zog Sverre den Schlauch heraus und versuchte,
in den Schacht zu schielen. Keine Flammen, kein Rauch. Ging
es wirklich so einfach? ›Das ist doch zu schön, um wahr zu
sein‹, dachte Sverre. Über die Alternative wollte er lieber gar
nicht erst nachdenken.

»Nächste Klappe auf!«, rief er.

Kris hob den Deckel über dem Schacht an – und eine heiße
Flamme züngelte ihm entgegen.

»Schnell, her mit dem Schlauch!«, brüllte er. Die Männer
zerrten ihn rüber zu Kris und stopften den Schlauch in das
glühend heiße Belüftungsrohr. Wieder konnten sie nichts tun
außer warten, während ihnen die verschwitzten Hemden auf
den Rücken gefroren. Kaum hatten sie eine Flamme gelöscht,
fauchte das Feuer aus dem nächsten Schacht. Der Wind tat
das Seine, um den Brand weiter anzufachen.

Für solche Spielereien hatten sie jetzt keine Zeit. Sverre ließ
den Gedanken zu, den er eben noch erfolgreich verdrängt
hatte. Unter Deck standen auch die Batterien der *Foremost*.
Jede war wie eine kleine Granate, die jederzeit hochgehen
konnte. Dann hatten sie zum Schweißen Sauerstoff in Flaschen an Bord, der sich ebenfalls entzünden und explodieren
konnte. Und nicht zuletzt schwappten noch ein paar Tausend
Liter Diesel in den Tanks. Das Feuer nicht unter Kontrolle
zu bekommen, war keine Option, das wusste Sverre. Seine
Foremost war eine schwimmende Zeitbombe.

Klatschnass, die Hosen steif gefroren, hievte Sverre den
schweren Gummischlauch zu Krist rüber. »Jetzt!«, brüllte er.

Krist steckte den Schlauch durch die Luke zum Maschinenraum und ließ das Löschwasser von oben auf das Feuer prasseln. Auch das brachte nichts, aber einen anderen Plan hatten sie leider nicht. Plötzlich hörte Sverre ein seltsames Geräusch, das von der Brücke zu kommen schien, es klang wie splitterndes Glas. Die Hitze ließ die Fensterscheiben bersten! Sverre ging in Deckung und hielt die Arme schützend über den Kopf, aber der befürchtete Glashagel blieb aus, er war unverletzt. Er schaute wieder nach oben. Die Morgendämmerung breitete sich über der See aus, das Schiff war nicht mehr nur dunkle Silhouette, Sverre hatte zum ersten Mal an diesem Tag klare Sicht. Es waren nicht die Fenster, die zersprungen waren, sondern Eiszapfen, die sich vom Dach der Brücke gelöst hatten. Aber warum ausgerechnet jetzt? Vom Wind? Vielleicht war die Lufttemperatur mit Tagesanbruch unmerklich gestiegen. Aber das war wohl ein klarer Fall von Wunschdenken. Es stellte sich heraus, dass die Eiszapfen herabgefallen waren, weil das Schiff sich aufheizte. Der brennende Rumpf leitete die Hitze weiter. Schon verlor der nächste Eiszapfen seinen Halt und krachte splitternd aufs Deck.

Sverre und seine Crew kämpften weiter, und es gelang ihnen sogar, das Feuer halbwegs in Schach zu halten. Zumindest explodierte der Kahn nicht und die Flammen hatten es noch nicht bis an Deck geschafft. Trotzdem dämmerte es dem Kapitän, dass er diese Schlacht nicht gewinnen konnte. Jedes Mal wenn sie eine neue Lüftungsklappe oder Luke öffneten, schlugen ihnen sofort die Flammen entgegen. Der Vorteil, den sie gewannen, indem sie Löschwasser in den Maschinenraum kippten, wurde sofort wieder zunichtegemacht vom Sauerstoff, der gleichzeitig durch die Öffnung strömte und das gierige Feuer nur weiter anfachte.

Kapitän Sverre setzte immer noch keinen Notruf ab. Natürlich war er sich der Gefahr bewusst, aber er wollte sich einfach noch nicht damit abfinden, dass er dabei war, sein Schiff zu verlieren. Jede Minute, die er damit verbrachte, auf der Brücke das Funkgerät anzuschmeißen, war eine Minute, die er im Kampf gegen das Feuer verlor. Also schufteten sie weiter, in ihren klatschnassen, dünnen Klamotten. Der eisige arktische Wind ließ sie erbärmlich frieren – und gleichzeitig schwitzten sie, weil das Adrenalin der Angst sie zu verzweifelten Anstrengungen aufputschte. Öliger schwarzer Qualm stieg von ihrem Schiff auf und wirbelte in dunklen Schleiern mit dem Sturmwind davon. Unter Deck köchelte tonnenweise Diesel in den Tanks. So weit war das Feuer nicht gekommen. Noch nicht.

Vielleicht sollten sie das Feuer doch direkter bekämpfen – und den Schlauch die Treppen runter und zum Maschinenraum schleppen. Ein Selbstmordkommando, aber was blieb ihnen noch übrig? Kapitän Sverre schickte Magne und Krist zur Kombüse runter, um herauszufinden, ob man noch zur Maschine durchkam. Doch keine Chance: In der Kombüse stand das Wasser schon kniehoch und der Qualm war so dick, dass die Männer hustend und keuchend wieder nach oben flüchteten. Da war absolut kein Durchkommen. Jetzt war ihnen nicht nur der Weg zum Maschinenraum versperrt, sie hatten außerdem die letzte Gelegenheit verpasst, sich mit warmen Klamotten und Regenzeug einzudecken oder Proviant aus der Kombüse zu besorgen.

Der Kapitän konnte die Hitze durch die dünnen Sohlen seiner Schuhe spüren, so heiß waren die Planken schon. Das Feuer wütete und breitete sich weiter aus. Weil er nicht wirklich sehen konnte, was unter Deck los war, hatte er nur eine ungefähre Ahnung, was brannte und wo. Vielleicht nagten die Flammen schon an den Planken, auf denen sie standen. Wenn sie nachgaben und einer der Männer in das Inferno darunter stürzte, war er nicht mehr zu retten.

Die Lage war aussichtslos. Noch ein paar Minuten und der Qualm würde die Brücke erobern – und damit wäre für den Kapitän die letzte Chance verloren, ein Mayday zu funken.

»Halt den Schlauch!«, brüllte er Leif ins Ohr.

Sverre kletterte die Leiter zum Oberdeck hoch und stieß die Tür zur Brücke auf. Dicker Rauch quoll aus der Kombüse, aber er bekam noch Luft und konnte sich orientieren. Drei Schritte und er riss den Hörer des Funkgeräts aus der Halterung. »Mayday! Mayday!«, schrie er. »Hier ist die *FV Foremost!* Mayday!« Aber es kam keine Antwort. Es war überhaupt nichts zu hören, kein Piepen, kein Rauschen, nichts. Sverres Blick folgte der Schnur vom Hörer zum Funkgerät. Kein Lämpchen an, kein Saft. Er drückte den Netzschalter, wieder nichts. Tot. Er sah zu den Bildschirmen und Armaturen am Fahrstand rüber, auch sie alle tot. Es gab keinen Strom mehr – und damit auch keine Hoffnung, einen Notruf abzusetzen. Kapitän Sverre und seine Leute waren jetzt ganz alleine da draußen, und die Lage war ernst. Der arktische Sturm fachte das Feuer auf ihrem Holzkahn immer weiter an, während er steuerlos in den zehn Meter hohen Wellen taumelte.

Nachdem sie zwei Stunden vergeblich gegen die Flammen gekämpft hatten, dachte Sverre zum ersten Mal daran, dass er sein Schiff aufgeben musste. Es war wohl doch ein Fehler, mit der *Foremost* auf die Beringsee rauszufahren; sie war für einen Einsatz unter solchen Bedingungen einfach nicht gemacht. Jetzt zahlte er den Preis dafür, dass er sie über ihre Grenzen hinaus belastet hatte.

Das eigene Schiff zu verlassen, war immer eine furchtbare Entscheidung. Und damals hatten sie auch die Überlebensanzüge nicht an Bord, die heute das Gesetz vorschreibt. Rettungsringe gab es, mehr nicht. Sverre wusste natürlich, dass sie bei den Temperaturen, wie sie im Dezember herrschen, keine vier Minuten überleben würden. Ihre einzige Hoffnung waren die Acht-Mann-Rettungsinsel und die Beiboote, die hinter der Brücke festgelascht waren. Aber da sie keinen Notruf absetzen konnten, waren die Chancen gering, dass sie schnell geborgen werden würden. Wer sollte sie hier draußen im Sturm sehen? Niemand kannte die genaue Position der *Foremost*, und wenn sie jetzt tatsächlich absoff, würde das auch niemand mitbekommen. Bei diesem Wetter hatte der größte Teil der Flotte sowieso Schutz im Hafen von Dutch Harbor gesucht. Ihr Rettungsfloß würde möglicherweise sogar noch weiter raus auf See getrieben werden.

Leif Hagen, der die Rettungsinsel erst vor ein paar Tagen zufällig in der Kombüse entdeckt hatte, nahm die Sache in die Hand. Er zerrte die Insel aus ihrem Versteck, schleppte sie an Deck und zog an der Reißleine. Das Rettungsfloß ploppte auf wie ein riesiger orangefarbener Donut mit einem roten Gummizelt darüber. Die Männer hievten es über die Reling und ließen es in die wilde See fallen. Nur eine einzige dünne Leine verband das Floß mit dem Schiff. Nicht gerade vertrauenswürdig, aber an diesem Seil hing jetzt ihr Leben.

Jetzt oder nie. Sverre befahl seinen Männern, auch die Beiboote klarzumachen. Sie schnitten die Sicherungsleinen durch und bugsierten die Holzboote über die Reling. Am Rumpf der Boote hingen noch die Eiszapfen, als sie ins Wasser glitten, aber sie wirkten trotzdem seetüchtiger als das Gummifloß.

Eine Explosion ließ das Schiff erzittern. Instinktiv duckten sich die Männer und hielten ihre Arme schützend über den Kopf. Kann gut sein, dass sie in diesem Moment noch einmal die liebsten Bilder vor ihrem inneren Auge gesehen haben: ein Erlebnis aus der Kindheit, die Umarmung der Mutter, ein Kuss der Frau. Im nächsten Moment würden sie in einem Flammeninferno verglühen, so muss ihnen das vorgekommen sein. Aber dann hoben sie vorsichtig die Arme – und sie waren immer noch am Leben. Auch das Schiff war noch intakt, jedenfalls schwamm es noch.

Doch da erschütterte eine weitere Explosion die *Foremost*. Das hölzerne Deck unter ihren Füßen bebte. Einmal – und dann gleich ein zweites Mal. Als ob jemand unter Deck eine Dynamitstange nach der anderen zündete.

»Das sind die Batterien!«, schrie Leif.

Die Flüssigkeit in den Zellen war ins Kochen geraten und jetzt gingen die Batterien hoch, sie waren wie Sprengsätze aus Blei, Säure und Hartplastik. *Krawumm! Wumm! Wumm!* Wieder drei Explosionen.

Wie viel Zeit blieb ihnen, bis die richtigen Bomben an Bord hochgingen – die Sauerstoffflaschen? Oder der Diesel? Wie lange noch, bis ihnen die Tanks um die Ohren flogen?

»Bloß raus hier!«, brüllte Krist.

Wie ein Stoß traf Sverre die Hitze der Explosionen. Die Männer gaben den Versuch auf, die Beiboote klarzumachen, und stürzten rüber zur Rettungsinsel. Sverre sah, wie Leif und Magne die Leine losfummelten, die das Floß am Schiff festhielt. Dann erst gab er den Befehl: »Alle Mann von Bord!«

Krawumm, die nächste Explosion. Wieder schüttelte sich das alte Holzschiff. Es war jetzt nur noch eine Frage von Sekunden, bis der Eimer endgültig in die Luft ging. Als Kapitän Sverre die Order »Alle Mann von Bord!« gab, da meinte er nicht: in fünf Minuten oder in sechzig Sekunden. Sondern jetzt, sofort. Alles fallen lassen, vergiss Heldentum und Würde, renn um dein Leben. Leif Hagen war der Erste an der Rettungsinsel, er warf sich einfach mit Schwung über die Reling und platschte genau auf den Eingang. Er zog das Floß näher ans Schiff und klammerte sich fest an die Reling, damit auch die anderen sicher reinspringen konnten. Dann lagen sie alle übereinander auf dem schwabbeligen Gummiboden, und das fühlte sich erst mal gar nicht wie die Rettung an. Sverre versuchte sich aufzurichten, wo er gelandet war, aber der Boden gab unter seinen Händen nach. So ungefähr musste es sein, wenn man versucht, auf einem Wasserbett Liegestütze zu machen.

Das Floß war in Luv des Schiffs festgemacht und der Sturmwind drückte es mit aller Macht gegen den hölzernen Rumpf der *Foremost*. Das Feuer hatte sich jetzt vom Maschinenraum an Deck ausgebreitet, das Achterschiff glich einem Flammenmeer. Leif schnitt die Leine durch, die das Floß mit dem Schiff verband – aber nichts geschah, es bewegte sich keinen

Zentimeter, sondern hing wie festgenagelt an der Bordwand der *Foremost*. Jetzt saßen sie also mitten auf dem Ozean in einem schwabbeligen Wasserbett, das unverrückbar an einer tickenden Zeitbombe klebte. Das war ungefähr so, als würde man auf dem Highway bei hundert Sachen vorne auf der Stoßstange eines Sattelschleppers sitzen.

»Paddel raus, los!«, brüllte Sverre, und die Männer durchwühlten die Ausrüstung auf dem Boden ihres Floßes. Sie fanden nur zwei vielleicht sechzig Zentimeter lange und wenig Vertrauen einflößende Paddel, die aussahen, als gehörten sie zu einem Spielzeugboot. Leif und Magne schnappten sich die Dinger, quetschten sich unter der Abdeckung hindurch und fingen an, wie besessen in der gischtweißen See zu rühren. Krist versuchte das Floß vom Rumpf der *Foremost* abzudrücken, so gut er konnte. Sie mussten sich irgendwie am Bug vorbeihangeln, dann würde der Sturm schon dafür sorgen, dass sie loskamen von ihrem brennenden Schiff. Wenn doch bloß der Wind einen Moment nachlassen würde, dann könnten sie sich aus ihrer gefährlichen Lage befreien.

›Vorsicht, was du dir wünschst‹, dachte Sverre noch. Und da drehte der Wind auch schon – die *Foremost* sackte nach Steuerbord und blockierte ihren Fluchtweg. Eben noch war das Floß gegen den Rumpf gedrückt worden und jetzt kam das brennende Pulverfass *ihnen* entgegen!

»Schneller!«, schrie Sverre hilflos. Er saß ohne Paddel unter dem Dach der Rettungsinsel, es blieb ihm nichts anderes übrig, als seine Leute anzufeuern. »Haut rein!«

Leif und Magne paddelten um ihr Leben. Leif spürte, wie das Blut in seinen Schläfen hämmerte, wie es in seinem ganzen Schädel wummerte. Mit ganzer Kraft und vollem Schultereinsatz riss er an dem lächerlich kleinen Paddel. Um einen besseren Hebel zu haben, hatte er das Ding weit unten gefasst – und zog seine Hand bei jedem Schlag durchs eisige Wasser. Sie waren jetzt komplett im Windschatten der *Foremost* – aber der Sturm trieb das brennende Schiff schneller auf sie zu, als sie paddeln konnten. Der Kahn konnte jeden Augenblick explodieren. Und wenn sie an seiner Seite klebten wie jetzt, hätten sie genauso gut an Bord bleiben können. Das Resultat wäre jedenfalls dasselbe gewesen. Sie versuchten auf den Bug des Dampfers zuzuhalten – und hatten zum ersten Mal Glück im Unglück. Wieder drehte der Wind, die *Foremost* schwenkte auf einen neuen Kurs und glitt qualmend an ihnen vorbei. Immer noch erschütterten kleinere Explosionen das Schiff.

Leif und Magne verstauten ihre Paddel und schnappten nach Luft, sie keuchten schwer, ihr Puls hämmerte von der Anstrengung. Aber sie waren am Leben und außer Gefahr – fürs Erste. Sie brachten den Treibanker aus, um die Driftgeschwindigkeit ihrer Rettungsinsel zu bremsen und mehr Abstand zur *Foremost* zu gewinnen. Langsam trieb das brennende Schiff weg von ihnen. Fünfzehn Meter. Dann dreißig Meter, siebzig Meter. ›Mach jetzt bloß keinen Blödsinn‹, sagte Sverre zu sich selbst. ›Keine vorschnellen Entschlüsse, nimm dir eine Minute nach der anderen vor, dir wird schon was einfallen.‹

Sverre konnte es sehen, bevor er es hörte. In der Rettungsinsel schaukelnd, blickte er über die gischtweißen Wellenkämme und wurde Zeuge eines sonderbaren Schauspiels. Denn aus der Entfernung sah es aus, als würde die *Foremost* einen Sprung aus dem Wasser machen. Zwischen dem brennenden Schiff und der Rettungsinsel lag inzwischen etwa eine Seemeile. Kapitän Sverre und seine Crew kauerten erschöpft unter der Plane. Eine Viertelstunde war vergangen, seit sie dem Inferno entkommen waren, und ihr Puls hatte sich wieder beruhigt. Sie konnten sehen, wie sie an der Bucht von Akutan vorbeitrieben und mit der Strömung in Richtung Osten auf das offene Meer getragen wurden. In der Ferne ragten die schneebedeckten Klippen von Billings Head aus dem Meer; das war die Nordspitze von Akun Island.

Sie würden weiterdriften, Richtung Unimak, wo die See so richtig ungemütlich wurde. Sie waren jedenfalls meilenweit von der Zivilisation entfernt, weit weg vom nächsten Hafen oder überhaupt der nächsten Siedlung. Keiner sagte ein Wort, mitten im Sturm spürten sie plötzlich eine seltsame Stille.

Und genau in diesem Augenblick hatte Sverre diese Vision, wie eine Halluzination erschien ihm dieser gleißend helle Lichtstrahl am Rumpf seines Schiffs. Dann zuckte ein Blitz über die See und ein Feuerball stieg in den Himmel. Lautlos und wie in Zeitlupe schossen Abertausende Fragmente aus Holz und Stahl in den Morgenhimmel. Die Projektile prasselten wie ein Hagel rund um ihr Floß ins Wasser – und dann endlich kamen auch die Schallwellen bei ihnen an. Es war ein gewaltiger, dissonanter Donner, der über die See auf sie zurollte und ihre Rettungsinsel erschütterte. Für Sverre fühlte es sich an, als würden seine Ohren mit Gewalt gegen den Schädel gepresst. Die Explosion in den Dieseltanks riss die *Foremost* förmlich in Stücke.

Wie gelähmt verfolgten die Männer das schreckliche Feuerwerk. Zum Schluss stand nur noch eine grausige schwarze Rauchfahne über den Überresten des Trawlers, doch auch die hatte der Sturm schnell vertrieben.

»Wie im Film«, sagte Sverre mit einem bitteren Lächeln. Aber der witzige Spruch diente nur als Tarnung für seine Ängste. Denn es gibt keinen einsameren Moment als den Augenblick, wenn das eigene Schiff mitten auf dem Meer explodiert und absäuft. Die Männer machten eine schnelle Inventur der Ausrüstung im Rettungsfloß. Sie hatten ein paar Flaschen Wasser, ein paar Dosen mit K-Rationen und eine Signalpistole. Nicht gerade üppig, wenn man in Betracht zog, dass sie noch eine Weile hier draußen aushalten mussten, denn mit einer baldigen Rettung war kaum zu rechnen.

Plötzlich machte es SCHSCHSCHSCH ...

Es war das grässliche Geräusch, das man hört, wenn Luft aus einem Gummischlauch zischt.

Ihre Rettungsinsel hatte ein Loch.

Hektisch suchten die Männer die Oberfläche der Gummischläuche ab, um das Loch zu finden. Wenn die Luft weiter mit einer solchen Geschwindigkeit aus den Kammern entwich, blieb ihnen maximal eine Minute, bis sie im Wasser lagen. Dann fand Krist die Ursache: ein Ventil zwischen seinen Beinen, das aus dem Schlauch ragte wie bei einem Autoreifen.

»Das Ventil!«, brüllte Krist. »Es ist undicht!«

»Das kann ich auch sehen, dass es nicht dicht ist«, blaffte Sverre. »Steck deinen Finger rein, um Gottes willen!«

Krist verstopfte das Loch und das Zischen hörte auf. Alle schauten Leif Hagen an. Es war seine Idee gewesen, das Rettungsfloß rechtzeitig aus der Kombüse zu holen, um es für den Notfall parat zu haben. Da kam ihnen das noch voreilig und übervorsichtig vor. Jetzt musste Sverre zugeben, dass er dankbar war für so viel Voraussicht. Aber da war schon wieder ein Zischen! *SCHSCHSCH* ... Noch ein Leck! Die Männer schauten sich panisch um. Rundherum ragten in gleichmäßigen Abständen identische Ventile aus den Kammern der Rettungsinsel – und alle verloren Luft. Dieser gottverdammte Leif und sein Scheißrettungsfloß. Das Ding war eine einzige Katastrophe!

»Verstopft sie alle!«, brüllte Sverre. »Ich hab nur zwei Hände!«, erwiderte Leif.

»Ist mir scheißegal, wie viele du davon hast, halt die verdammten Löcher zu!«

Jetzt platschen alle vier Männer auf die Knie in das eisige Wasser am Boden der Rettungsinsel und drückten ihre Finger auf die defekten Ventile.

»Keiner bewegt auch nur einen Finger!«, schrie Sverre, der wütend bereute, dass er sich entschieden hatte, sein sinkendes Schiff zu verlassen. Jetzt saß er in diesem schäbigen Gummifloß und die letzten Minuten seines Lebens tickten einem unwürdigen Tod entgegen. »Haltet bloß diese Dinger dicht! Lasst ja nicht los!«

Und dann zischte es plötzlich gar nicht mehr. Die Männer starrten sich entgeistert an: Was hatte das jetzt wieder zu bedeuten? Sie inspizierten die Ventile noch einmal genauer. Krist brach in schallendes Gelächter aus, Leif und Magne lachten mit, und schließlich gluckste auch Sverre. Jetzt hatten sie es kapiert.

Es gab kein Leck, die Rettungsinsel war dicht. Die Ventile, die ihnen einen solchen Schreck versetzt hatten, regelten den Druck in den Kammern. Wenn die Schläuche zu prall aufgepumpt waren, gaben sie kontrolliert ein wenig Luft ab. Als die vier Männer in die Insel gesprungen waren, hatte ihr gemeinsames Gewicht einen solchen Druck auf die Luftkammern ausgeübt, dass die Ventile sich automatisch öffneten. Nachdem der optimale Druck hergestellt war, schlossen sich die Ventile wieder. Vorsichtig nahmen die Männer ihre Finger von den Öffnungen. Kein Zischen, kein Leck, keine Todesgefahr. Die vier Schiffbrüchigen lachten hysterisch, bis ihnen fast die Luft wegblieb. Nach zwei Stunden panischem Kampf gegen Feuer und Untergang saßen sie hier und steckten ihre Finger in imaginäre Lecks. Ihre Lage war nach wie vor kritisch, keine Frage, aber diese letzte Episode war schon sehr lustig.

Kapitän Sverre und seine Leute hatten jetzt Zeit für eine gründliche Bestandsaufnahme und Einschätzung ihrer Lage. Sie saßen in einer Rettungsinsel, die den aktuellen Standards entsprach. Separate Luftkammern, darüber ein Dach aus einer wasserdichten Plane, die sie vor Regen, Gischt und Wind schützte. Auf dem Boden des Rettungsfloßes lagen aufblasbare Kissen, die verhinderten, dass sie direkt im eisigen Wasser saßen, das unweigerlich über den Rand der Insel schwappte. Keiner der vier Männer trug Ölzeug, nur Magne Berg hatte noch rechtzeitig ein Paar Stiefel angezogen. Sie hatten weder Funkgerät noch einen Motor und eigentlich kaum Aussicht, gerettet zu werden. Keine einzige Zigarette hatte das Chaos der letzten Stunden überlebt. Ihr Herzschlag hatte sich nach dem Kampf gegen das Feuer und dem folgenden Paddelsprint wieder beruhigt, aber Sverre dachte schon an die nächste Gefahr: die Kälte.

Es war ein Tag im Dezember und die Temperaturen lagen knapp über dem Gefrierpunkt, was allein noch nicht so schlimm gewesen wäre. Aber es blies immer noch mit Windstärke acht, und das bedeutete, dass der Windchill-Effekt die gefühlte Temperatur deutlich senkte. Ohne ein weiteres Wort zu verlieren, rückten die Männer enger zusammen. Was blieb ihnen auch anders übrig? Sie konnten so laut um Hilfe schreien, wie sie wollten, es würde sie niemand hören. Wie lange konnten sie so überleben? Vielleicht blieb ihnen ein Tag, bis die Unterkühlung ihre letzten Lebensgeister eingefroren hatte. Im Süden konnten sie die schneebedeckten Klippen von Akun Island erkennen. Die Strömung zog sie an den Inseln vorbei auf den Unimak Pass hinaus. Sie waren alle lange genug zur See gefahren und wussten, dass sie mit ihren lächerlichen Spielzeugpaddeln nicht gegen diese Strömung ankommen konnten. Abgesehen davon versprachen diese Küsten auch keinen besonderen Trost. Die Klippen ragten hier steil aus dem Meer auf – wer ihnen zu nahe kommt, wird von den Brechern auf den Felsen zerschmettert. Selbst wenn es ihnen tatsächlich gelingen sollte, heil an Land zu kommen, gab es auf der ganzen Insel keine einzige Siedlung, wo sie Hilfe bekommen könnten. Da konnten sie sich genauso gut weitertreiben lassen.

»Und was jetzt?«, fragte Magne.

»Wir warten, bis es dunkel wird«, erwiderte Sverre. »Dann feuern wir eine Seenotrakete ab.«

»Und wer soll die sehen?« Auf diese Frage gab es keine Antwort.

Kapitän Sverre spürte, wie seine nasse Hose im eisigen Wind gefror und seine Beine immer steifer wurden. Sie waren jetzt seit drei Stunden in der Rettungsinsel und weiter aufs offene Wasser rausgetrieben. Die Männer hatten nichts zu sagen, sie waren auch innerlich ruhig, keine Spur von Panik. Sverre und seine Leute waren Norweger, geborene Stoiker. Sie zerbrachen sich nicht den Kopf darüber, ob es eine Rettung für sie gab oder nicht. Wozu auch? Jammern und heulen half ihnen nicht weiter. Es blieb ihnen nichts anderes übrig, als zu warten. Auch in Sverre glimmte natürlich ein Funken Hoffnung, aber er mochte nicht zu viel Energie an diesen Gedanken verschwenden. Er brauchte alle Reserven, um seine Knie und Ellbogen immer mal wieder zu bewegen, damit sie nicht ganz einfroren. Ihm war kalt, so kalt, wie ihm noch nie gewesen war in seinen sechzehn Jahren Fischerei auf der Beringsee. Er zitterte in seinem nassen Wollpullover gegen die Kälte an. Auch die anderen schlotterten. Ungefähr jede halbe Stunde lugten sie unter ihrer Plane hervor und suchten die See ab. Aber da war nichts, kein Schiff in Sicht.

So blieb ihnen reichlich Zeit, ihre Gedanken wandern zu lassen. Das große Kino der Erinnerungen vor dem inneren Auge. Da war zum Beispiel die schöne Geschichte von Magne Berg und John Johannessen. Sie lagen mit ihrem Schiff am Kai der Alitek-Fischfabrik bei Kodiak und feierten die ganze Nacht in der Unterkunft der Arbeiter. John war als Erster zurück an Bord und saß im Sessel auf der Brücke, als Magne schließlich eintrudelte. John beschloss, seinen Kumpel mal so richtig schön auf den Arm zu nehmen. Eine halbe Stunde später stieg er in die Kabine runter und rüttelte Magne an der Schulter. »Hey, aufwachen!«, sagte er. »Deine Wache, du musst ans Ruder.« Magne schleppte sich – betrunken wie er war – zur Brücke und ließ sich in den Sessel hinter dem Steuerrad plumpsen. Er starrte in die dunkle Nacht und gab sein Bestes, das Schiff auf einem geraden Kurs zu halten. John blieb neben ihm sitzen und versuchte, bloß nicht zu lachen. Langsam gewöhnten sich Magnes Augen an die Dunkelheit und er konnte wieder klar gucken. Erst bei einem Blick nach Steuerbord merkte er, dass sie immer noch an der Pier festgemacht hatten.

Das waren die Anekdoten, die sich die Männer aus Karmøy immer wieder in den Kneipen und am Tisch in der Kombüse erzählten, und sie konnten sich jedes Mal wieder ausschütten vor Lachen. Doch jetzt steckten sie klatschnass in dieser Rettungsinsel und die Erinnerung an bessere Zeiten machte sie traurig und bitter.

»Was gäbe ich drum, wenn ich jetzt das Dröhnen einer Schiffsmaschine hören könnte«, sagte Sverre. Die anderen rangen sich ein müdes Grinsen ab. Dann versanken sie wieder in ihrem stillen Elend und rückten noch ein bisschen enger zusammen.

Kapitän Sverre richtete seinen Kopf auf. Er kauerte klatschnass und in sich zusammengesunken auf dem eiskalten schwimmenden Wasserbett. Doch jetzt hatte er ein Geräusch gehört und die anderen hatten es auch gemerkt. War das nur eine Halluzination oder Wirklichkeit? Es klang jedenfalls wie das Brummen eines Dieselmotors. Sie lugten unter der Abdeckung ihrer Rettungsinsel hervor, aber sie konnten nichts sehen.

»Gib mir mal ein Paddel«, sagte Sverre. Er wollte das Floß ein wenig drehen, damit sie in die andere Richtung gucken konnten. Und genau in diesem Moment hörten sie die Stimme: »Seid ihr am Leben da drinnen?«

Sverre drehte die Rettungsinsel – und starrte durch den Spalt in der Plane auf ein Wunder. Aus dem Dunst über dem Wasser ragte der Rumpf der *Viking Queen* hervor, auch sie ein Krabbenfänger aus Dutch Harbor. Es war das Schiff von Joe Lewis.

»Wir haben die Rauchwolke gesehen«, rief ein Matrose zu ihnen runter, »und haben uns gedacht: Da hat jemand ein Problem.«

Einer nach dem anderen wurden Sverre und seine Männer aus der Rettungsinsel aufs Deck des Trawlers gehievt. Sie hatten es geschafft, sie hatten überlebt, es war vorbei! Sverre wäre am liebsten gleich zur Brücke hochgerannt, um dem

Kapitän zu danken, aber als die Matrosen ihren Griff um seine Schultern lockerten, knickten seine eingefrorenen Beine unter ihm einfach zusammen und er knallte aufs Deck. Sverre rieb seine tauben Beine. Sie würden schon wieder auftauen.

Die Crew der *Viking Queen* brachte die Schiffbrüchigen erst einmal unter eine heiße Dusche und gab ihnen alles, was sie an warmen Klamotten dabeihatten. Dann nahm die *Viking Queen* Kurs auf Dutch und lieferte die Männer sicher an Land ab.

Sverre gab dem Skipper die Erlaubnis, alle Fallen der *Foremost* einzusammeln und den Fang für sich zu behalten. Für die *Viking Queen* sollte sich die Rettungsaktion lohnen: In den Pots waren 250 Tonnen Krabben – ein schönes Geschenk so kurz vor Weihnachten. Selbst im Untergang wusste Sverre noch am besten, wo die verdammten Krabben waren.

....

Kapitän Sverre Hansen, 1938 auf Karmøy, Norwegen, geboren, ging als 20-Jähriger mit einem Freund zur Jobsuche in die USA. Er heuerte in der Fischindustrie von Seattle an und wurde neun Jahre später jüngster Kapitän der legendären Krabbenfangflotten von Dutch Harbor, Alaska. Einer seiner drei Söhne, Sig Hansen, ist heute Kapitän des Trawlers »Northwestern«, den Sverre Hansen acht Jahre nach dem Untergang der »Foremost« aus der Taufe hob.

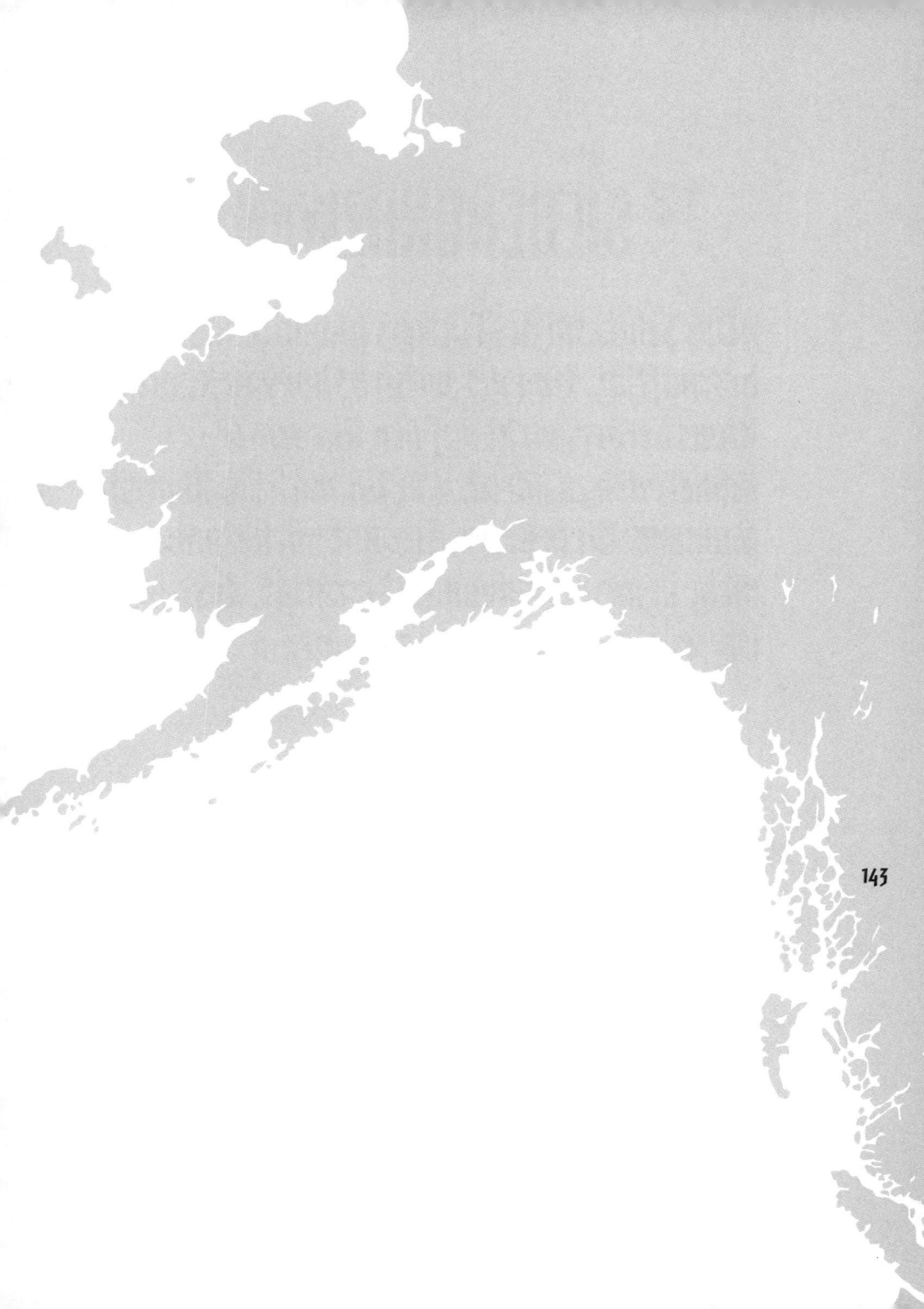

143

12 SIEBENUNDZWANZIG

....

»Das Schicksal des Funkers hat mich lange beschäftigt. Und der sechste Sinn von Kapitän Klaus Gerber, nicht auf den Rat seiner Kameraden zu hören, war für mich ein filmreifer Moment. Diese Geschichte hat mich einmal mehr in meiner Annahme bestätigt, dass es gut ist, seinem Bauchgefühl zu folgen.« *~ Axel Prahl*

....

63° 27' N / 51° 23' W
VOR DER KÜSTE WESTGRÖNLANDS
FISCHEREIMOTORSCHIFF »MÜNCHEN«
25. JUNI 1963

Niemand kann die Katastrophe aufhalten, als Wasser in den Trawler »München« eindringt. Das Schiff sinkt. In Rettungsinseln kämpfen die Fischer auf dem eiskalten Atlantik vor Grönland um ihr Leben – und viele werden es nicht schaffen. KLAUS GERBER erinnert sich an seine ertrunkenen Kameraden.

Ich spüre keine Furcht, als mich ein anderer Matrose wach rüttelt und ruft: »Wir nehmen Wasser!« Ich habe keine Furcht, als wir eine Eimerkette bilden und sich unsere *München* stark zur Seite neigt. Selbst als wir in einer Rettungsinsel treiben und das kalte Wasser des Nordatlantiks mit unseren Seestiefeln nach außen schöpfen, steigt keine Panik in mir auf. Ich erlebe die Katastrophe, als sehe ich sie durch die Augen eines anderen, und komme erst in der Turnhalle von Faeringehavn wieder zu mir, als ich meine Kameraden identifizieren muss.

27 Seeleute sind tot. Drei von ihnen gibt das Meer nicht mehr heraus. Die Männer tragen Kleidung, nur die Schuhe fehlen, es sieht aus, als ob sie schlafen. Aber sie tragen nun gelbe Zettel an den Zehen, längliche gelbe Zettel, auf die man ihre Namen schreibt. Einer meiner Freunde, er heißt Gustav, hält noch seine Pfeife im Mundwinkel. Ich werde den Anblick nie vergessen.

Dies ist das erste Mal, dass ich darüber reden kann, was an jenem Morgen geschah.

25. Juni 1963, vor Westgrönland: Vier Wochen sind wir nun auf See, wollen einen letzten Hol machen und die Laderäume mit Kabeljau füllen, fünf Tonnen noch, bevor es zurück nach Cuxhaven geht. Wir kommen aus dem Fjord von Faeringehavn, einer Fischersiedlung, etwa 50 Kilometer südlich

145

der Hauptstadt Nuuk, wo wir Gasöl bunkerten, und gehen Kurs auf die Nordostecke der Fiskenäsbank. Das Wetter ist nicht gut, aber auch nicht schlecht, typisches Grönlandwetter; ein Tiefdruckgebiet zieht mit einem südöstlichen Wind der Stärke sieben und Regenschauern von der Hudsonstraße ostwärts.

Um kurz nach sieben schüttelt mich Rolf Zander, mit dem ich eine Zweimannkabine teile, wach: »Klaus, steh auf! Wir nehmen Wasser!« Ich ziehe mich an und gehe in die Messe der Mannschaft, um mir einen Kaffee zu holen. Dass wir in Gefahr schweben, sogar in lebensbedrohlicher Gefahr, kommt mir nicht in den Sinn. ›Wir können nicht untergehen‹, denke ich, ›das Problem haben wir bald im Griff.‹ Die *München* gilt als das modernste Schiff der Reederei, als der Stolz der Flotte. 64 Meter lang, elf Meter breit, ausgerüstet mit Technologie, die sonst nur auf Passagierschiffen zum Einsatz kommt. Was soll schon passieren?

Wasser steht auf dem Arbeitsdeck, immer mehr Wasser läuft hinein und die *München* legt sich immer weiter nach Steuerbord, obwohl alle Lenzpumpen arbeiten und Kapitän Erwin Trodler den Treibstoff in die Tanks auf Backbordseite pumpen lässt. Trodler führt das Schiff, weil der Stammkapitän der *München*, Peter Herbst, seinen verdienten Urlaub nimmt. Obwohl wir nichts gerammt haben, läuft das Schiff voll. Ein Versuch, den Wind auszunutzen, um die *München* zu stabilisieren, scheitert. Die *München* reagiert nicht mehr.

Wir bilden eine Eimerkette und pützen das Wasser aus dem Arbeitsdeck in den Lebervorratsbunker und dann ans Oberdeck. Für jeden Eimer Wasser, den wir herausschaffen, scheinen fünf hineinzuströmen. Ein Maschinenassistent versucht, mit einem Schweißbrenner ein Loch in die Wand des Leberbunkers zu schneiden, doch der Brenner erreicht nicht die nötige Hitze. Als Kapitän Trodler das Schiff in einem Notmanöver drehen will, um zurück nach Faeringehavn zu laufen, droht die *München* zu kentern. An Bord gibt es inzwischen den Verdacht, dass das Wasser durch Speigatten an Steuerbord eindringt. Durch die Öffnungen fließt sonst das Wasser ab, das benötigt wird, um den gefangenen Fisch zu verarbeiten; die Speigatten sind durch Rückschlagklappen gesichert. Steuermann Beckmann eilt nach unten und versucht, an das Abflussloch heranzutauchen. Das Wasser steht inzwischen 1,50 Meter hoch. Er kommt nicht gegen die Strömung an.

Kapitän Trodler, der es wenig später versucht, scheitert ebenfalls. Das Schiff legt sich nun mit mehr als 60 Grad nach Steuerbord. Kapitän Trodler ruft über die Sprechfunkkanäle acht und 16 um Hilfe und gibt dem Funker Anweisung, nach anderen Schiffen in der Gegend zu suchen. Etwa 90 Minuten, nachdem einem Offizier auffiel, dass mit der *München* etwas nicht stimmt, kommt der Befehl, die Rettungsinseln klarzumachen und Schwimmwesten anzulegen. Ich gehe noch einmal nach unten in meine Kabine, um eine Schachtel Zigaretten und eine Dose Würstchen einzustecken. Schon seltsam, woran man in extremen Situationen denkt. Es ist kurz vor acht Uhr.

Auf der Brücke des Schwesterschiffs *Bremerhaven* geht zur gleichen Zeit eine Meldung ein, die im Funktagebuch notiert wird:

»07.55 Uhr GMT: Auf 3363 kHz Dringlichkeitszeichen an alle. Liegen seit einiger Zeit mit schwerer Schlagseite, machen Wasser, zwei Stunden südlich Südsektor Faeringehavn.«

Minuten später hört man das letzte Signal unseres Funkers Joachim Geißler: »Komme kaum noch an die Geräte heran«, gibt er durch. Alle Trawler und Fabrikschiffe an der Westküste Grönlands – 27 sind es insgesamt – machen sich auf den Weg in unseren Sektor, außerdem ein Küstenwachboot der dänischen Marine, ein dänischer Frachter und einige grönländische Fischer.

Dass wir untergehen werden, scheint nun unausweichlich. Kapitän Trodler versucht, die *München* näher unter Land zu bringen, während wir auf dem Vordeck damit beginnen, in die Rettungsinseln einzusteigen. Der Himmel ist von einem schweren Grau, der Wind pfeift und die Wellen schlagen hoch. Die erste Insel, die zu Wasser gebracht wird, kippt um, mit einem Matrosen an Bord. Zwei Männer springen hinterher, um sie wieder aufzurichten, sie zerren an den Gurten, doch sie schaffen es nicht. Vermutlich, weil der Matrose im Inneren bereits tot ist. Drei Grad kalt ist die Luft, etwa ein Grad hat das Wasser.

In die nächste Insel steigen 13 Männer ein und treiben langsam davon. Ich habe meine Stiefel ausgezogen und überlege, was ich tun soll. »Klaus, spring! Spring! Komm schon, Klaus!«, rufen die Männer von der Insel, doch ich wage es nicht. Sollte ich das Gummiviereck verfehlen und ins Wasser stürzen, wäre alles vorbei, sagt mir mein Unterbewusstsein. Etwas in mir weigert sich, die *München* zu verlassen. Was noch niemand wissen kann: Als die Insel entlang der Bordwand schrammte, riss der Boden auf. In den nächsten Stunden sitzen die Männer im eiskalten Wasser; Stunden später können nur drei von 13 lebend geborgen werden. Während ich auf Strümpfen Richtung Brücke balanciere – die Seestiefel hatte ich ausgezogen, um besseren Halt zu bekommen –, kommt es auf einem Schlauchboot zu einem Drama, als einer der Matrosen ins Wasser stürzt und die anderen versuchen, ihn an Bord zu ziehen. Sie verlieren das Gleichgewicht und das kleine Boot kentert. Niemand überlebt.

Auf allen vieren krabbele ich über die *München*, die nun ganz auf der Seite treibt. Weiter oben muss sich noch eine Rettungsinsel befinden, die wir in Bremerhaven aufnahmen. Es sind nur noch wenige Männer an Bord, darunter Kapitän Trodler und zwei Offiziere. Die Insel ist für zehn Schiffbrüchige geeignet. Elf Männer steigen ein. Eine große Welle trägt uns fort.

Wir beobachten eine schreckliche Szene: Joachim Geißler, der Funker, ist noch an Bord, weil er bis zur letzten Sekunde versuchte, Hilfe herbeizurufen. Am Ende muss er brusthoch im Wasser gestanden haben. Er trägt seine Rettungsweste in der Hand, er hatte keine Zeit, sie anzulegen, als er ins Wasser stürzte. Wir versuchen, zu ihm hinzurudern, doch die Insel dreht sich im Kreis und bewegt sich keinen Meter. Geißler, 40, ein freundlicher, humorvoller Mann aus Cuxhaven, Vater von fünf Kindern, wird nicht gefunden. Sein jüngster Sohn wird zehn Tage nach seinem Tod zur Welt kommen. Niemand spricht, niemand sagt ein Wort.

Dann bemerken wir, dass Wasser in die Rettungsinsel eindringt. Ein Leck! Kapitän Trodler gibt Anweisungen: Die einen beginnen, in die Ventile zu blasen, die anderen schöpfen das Wasser mit ihren Seestiefeln hinaus. Wir versuchen, die Insel schwimmfähig zu halten und damit unsere Leben zu retten. Um kurz nach neun versinkt die *München* mit einem zischenden Geräusch im Meer. Ein beklemmender Anblick für jeden Seemann; es ist ein Gefühl, als ob das eigene Wohnzimmer untergeht. Wir machen uns gegenseitig Mut, so gut es geht: »Kann nicht mehr lange dauern, bis andere Trawler der Fangflotte eintreffen«, sagt jemand. Die Frage ist nur: Wie lange noch? Die Zeit scheint nicht zu vergehen, wir pusten unaufhörlich in die Ventile und schütten Wasser außenbords und haben innerlich abgeschlossen. Alle verhalten sich ruhig und unser Steuermann versucht, sich eine Zigarette anzustecken, was nicht gelingt, weil die Zündhölzer feucht geworden sind. Der Wind von Westen weht immer stärker und treibt uns mit der Strömung auf eine Klippenlandschaft zu. Ein schwacher Trost, denn von den Felsen wird man uns nicht bergen können.

Dann ein Schrei: »Schiff! Da kommt ein Schiff!« Es ist die *Augsburg*, es muss kurz vor halb zwölf sein. Wir treiben mit der Insel längsseits und bewegen uns vorsichtig, um nicht zu kentern. Nacheinander klettern wir die ausgebrachte Strickleiter hinauf. Jede Sprosse fällt einem schwer, denn unsere Körper sind kalt und unser Kreislauf steht kurz vor dem

149

Kollaps. Als man die Insel an Deck hievt, fällt sie in sich zusammen. In der Außenhülle erkennt man einen zehn Zentimeter langen Riss. Die zweite Hülle hat uns gerettet.

Matrosen verteilen trockene Kleidung und warme Decken. »Kein Alkohol!«, befiehlt der Kapitän der *Augsburg*, was eine kluge Entscheidung ist, denn mancher Gerettete kam zu jener Zeit durch einen starken Grog oder eine heiße Dusche ums Leben. Wir ruhen uns aus, die meisten starren apathisch vor sich hin. 15 Männer haben überlebt. Man kann zunächst nicht begreifen, was geschehen ist, die wahre Erkenntnis kommt einige Stunden oder Tage später und trifft einen mit der Wucht eines Brechers.

Die *Augsburg* steuert den Fischereihafen Faeringehavn an, wo man uns im »Livd«, dem »Bunker«, wie man das Seemannsheim nennt, einquartiert. Die Toten werden in einer Turnhalle aufgebahrt, damit wir sie identifizieren. Am Abend gedenkt man der Verstorbenen im Missionshaus mit einer Trauerfeier, zu der alle Einwohner der Hafensiedlung und die Besatzungen der Trawler *Augsburg* und *Berlin* zusammenkommen. Ich gehe nicht hin, ich kann nicht, denn mir ist nicht nach Gesellschaft zumute. Ich möchte alleine sein und außerdem, das mag banal klingen, ist die Hose, die man mir an Bord der *Augsburg* gab, viel zu groß. So kann ich nicht zur Trauerfeier meiner Kameraden gehen.

150 Seeleute und Fischer aus dem Ort tragen die Särge im Schein des Leuchtturms zur langen Holzpier, wo die *Berlin* festliegt, die ablegt und Kurs Cuxhaven nimmt. Drei Tage bleiben wir noch in der Siedlung und erhalten Beistand von einem dänischen Missionar. Dann landet ein Wasserflugzeug, das uns zur nächsten längeren Landebahn nach Kangerlussuaq bringen soll. Die Kabine hat ein Leck, Wasser tröpfelt hinein und der Pilot kommt nach hinten, um den Schaden zu begutachten. Er löst das Problem, indem er eine Kotztüte aufschlägt und sie unter die Tropfen stellt. Er unterhält sich mit zwei Matrosen, bis einer fragt:

»Sagen Sie, wer fliegt eigentlich? Ich habe gar keinen Kopiloten gesehen.«

»Ach was, das regelt schon der Automat«, entgegnet der Flieger, was ein Feuerwerk von Verwünschungen und Flüchen auslöst. In Kangerlussuaq steigen wir in einen Jet, der uns nach Kopenhagen bringt. Zu den seltsamen Ereignissen dieser Reise gehört, dass wir in Dänemark aus dem startbereiten Flieger aussteigen müssen, weil der Pilot einen Turbinenschaden feststellt. Es ist, als liege ein Fluch auf dieser Reise. Am Nachmittag des 28. Juni sind wir zurück in Cuxhaven. Kapitän Trodler und der Steuermann sind traumatisiert und verfolgen regungslos eine Pressekonferenz. In den Medien, vor allem in denen der Boulevardpresse, erscheinen sagenhafte Vermutungen zur Unglücksursache.

Ein Woche später, am 5. Juli, läuft Trawler *Berlin* um drei Uhr morgens in den Fischereihafen von Cuxhaven ein, mit den Särgen an Bord. Ein Rettungsring der *München*, der geborgen werden konnte, steht in der St.-Petri-Kirche. Ich spüre schwere Trauer in mir, aber auch eine Wut: auf manche Journalisten, die uns ohne Anstand und Pietät belagern, und auf die Witwe eines Kameraden, die ich vor der Trauerfeier lachend in den Armen eines anderen sehe. Als sie nach dem Gottesdienst zu ihrem Auto zurückkommt, wird sie feststellen, dass alle vier Reifen platt sind.

Drei Monate Sonderurlaub gewährt die Reederei allen Geretteten, doch ich will wieder auf See, weil ich spüre, dass es mir helfen wird, die Erlebnisse zu verarbeiten. Drei andere Fischer geben ihren Beruf auf. Die nächste Fangreise führt mich wieder nach Grönland, diesmal an die Südspitze der Insel. Vor Kap Farewell geraten wir in einen heftigen Sturm. Ein Brecher reißt einen Deckel des Kabelgatts weg, das Schiff nimmt viel Wasser. Ich gehöre zu den Freiwilligen, die an Deck gehen, um ein Ochsenfell als Ersatz für den Deckel zu spannen.

›Bitte nicht schon wieder‹, denke ich, als die Stahltür aufschwingt und ich hinaus in den Sturm trete.

....

*Kapitän Klaus Gerber, Jahrgang 1942, wurde in Berlin
geboren, Stadtteil Neukölln. Seine Mutter starb bei der
Geburt, er wuchs bei seiner Tante auf und überlebte
einen Bombenangriff, bei dem sie drei Tage lang unter
den Trümmern verschüttet waren. Als Jugendlicher
lernte er Elektriker, entschied sich aber anders, als er
seine erste Abrechnung mit einem Stundenlohn von
1,71 Mark erhielt. Inspiriert von einem Groschenroman,
heuerte er auf einem Trawler an. Gerber machte
1971 sein Kapitänspatent und fuhr bis zu seiner
Pensionierung hauptsächlich für die Reederei Nordsee.*

*Der Untergang der »München« gilt als eine der größten
Katastrophen in der Geschichte der deutschen Hochseefischerei. Eine Untersuchung des Hamburger Seeamtes
stellte fest, dass Kapitän und Offiziere keinerlei Schuld
traf; als Ursache sehen Experten einen Defekt an
der Rückschlagklappe einer der beiden Speigatten,
durch die das Wasser ins Schiffsinnere strömen konnte.
Zu Ehren des Funkers Joachim Geißler, der heldenhaft
bis zum letzten Moment SOS gab, brachte man am
Funkerehrenmal im Battery Park von New York eine
Bronzetafel an. Der Schiffsname »München« scheint
Unglück anzuziehen: Im Dezember 1978 sinkt ein
hochmoderner Lash-Carrier der Reederei Hapag-Lloyd
auf der Reise von Bremerhaven nach Savannah in
einem Sturm. Eine Katastrophe, die bis heute nicht
endgültig geklärt werden konnte. 28 Seeleute sterben.*

*27 Seeleute verloren am Morgen des 25. Juni 1963 vor
der Küste Westgrönlands ihr Leben: Claus-Wilhelm von
Bargen, Fischwerkermeister; Otto Bender, Maschinist;
Lothar Bork, Koch; Felix Fürst, Matrose; Joachim Geißler,
Funker; Gustav Henning, Netzmacher; Kurt Hinz,*

III. Maschinist; Günther Hoffmann, Matrose; Christian Hübinger, Matrose; Siegfried Hübner, Matrose; Manuel Iglesias-Docampo, Matrose; Robert Jahr, Maschinist; Paul-Gerhard Koch, Matrose; Willy Kowalski, Matrose; Ewald Lühr, Matrose; Hermann Friedrich Meyer, Fischwerkermeister; Manfred Morgenroth, III. Steuermann; Friedhelm Mutter, Leichtmatrose; José Nouvas-Soutino, Matrose; Hans Prange, Matrose; Kurt Rathjen, Maschinenassistent; Franz Rimkus, Matrose; Manuel Rodriguez-Conde, Matrose; Harald Rudnik, Matrose; Peter Schenk, Matrose; Juan Valino-Fresco, Matrose; Rolf Zander, Matrose

13 RAKETE

»Eine der Kapitänsgeschichten,
die zeigt, wie leicht unbescholtene
Menschen in einen politischen Konflikt
hineingeraten können.« *~ Axel Prahl*

26° 27' N / 50° 42' O
IM PERSISCHEN GOLF, VOR DER KÜSTE VON SAUDI-ARABIEN
SCHWERGUTSCHIFF »JOLLY INDACO«
IN DER NACHT DES 8. OKTOBER 1985

Zuerst ist ein Blinken zu erkennen, dann ein Feuerschweif, und als man auf der Brücke des Schwergutschiffs weiß, was vor dem Bug durch die Nacht fliegt, ist der Schrecken groß: Eine Rakete rast auf das Schiff zu. Explosion! ROBERT »BOB« MARINGER ist mitten in den Ersten Golfkrieg hineingeraten.

Woher kommt dieses seltsame grünliche Blinken, 30 Grad voraus, an Steuerbordseite? Jens, unser Schiffsjunge, ein blonder Teenager, der während der Wache den Ausguck besetzt, hat es zuerst entdeckt. Ich denke an eine Navigationstonne, doch in der Seekarte ist kein Markierungspunkt eingetragen. Dann kann ich durch das Fernglas einen hellen Schein erkennen. Eine Art Lichtbogen, der sich etwa 100 Meter in den klaren Nachthimmel über den Persischen Golf erhebt. Was ist das? Der Bogen senkt sich nun. Beginnt zu sprühen. Hantiert jemand an Bord einer Dau mit Leuchtspurmunition?

23.31 Uhr zeigt die Uhr auf der Brücke der *Jolly Indaco*, einem zum Containerfrachter umfunktionierten Schwergutschiff. Eben sind wir an einem Leuchtfloß vorbeigekommen, was ich ins Schiffstagebuch eintrug. Wir befinden uns in einem gefährlichen Seegebiet, 1985, im fünften Jahr des Krieges zwischen dem Irak und dem Iran, einem furchtbaren Konflikt, der immer mehr in ein Gemetzel ausartet. Wir haben keine Waffen, sondern italienischen Marmor an Bord, doch auch Carbonatgestein kann, wenn Kuwait der Bestimmungshafen ist, eine heikle Ladung sein. In der Zone, die wir durchfahren, ist vor wenigen Wochen ein Bergungsschiff von der irakischen Luftwaffe versenkt worden.

Zur Mittagszeit, als wir auf der Brücke unsere genaue Position bestimmten, war ein Militärhubschrauber im Tiefflug über unser Schiff geknattert. Er zog einige enge Kreise und ich, eigentlich selbst ein erfahrener Kapitän, aber nach Insolvenz meines alten Arbeitgebers und wegen der allgemeinen Jobmisere als Zweiter Offizier an Bord, hatte den Schriftzug »Iranian Airforce« entziffern können. An Backbordseite passierten wir einige Ölfelder und Fördergebiete, die der Iran für sich beanspruchte. »Männer, die beobachten uns nur«, beschwichtigte der Kapitän, ein großer, robust gebauter Mann, zu dem ich ein distanziertes Verhältnis pflegte.

Ich muss kurz an den Hubschrauber denken, als ich den Lichtstreifen sehe, der nun rosafarben schimmert und sich rasch auf die *Jolly Indaco* zubewegt. Das Lichtband kommt direkt auf uns zu! Knapp einen Meter über dem Meer, auf einer geraden Bahn, wie an einem Seil gezogen, mit einem stärker werdenden Sprühen. Nun weiß ich, um welche Art Lichtstreifen es sich handelt.

»Das ist eine Rakete«, sage ich, ganz ruhig.

Ich bin viel zu erschrocken, um aufgeregt zu sein. In solch einem Moment schreit man sein Entsetzen nicht heraus, sondern ist starr vor Schreck. Ein Heulen ist zu hören, eine Art lautes Pfeifen und ich sehe ganz deutlich das Projektil, etwa vier Meter lang. »Die geht vorbei«, schreie ich, »die geht vorbei!«, doch dann ändert die Rakete ihren Kurs, zeichnet mit ihrem Feuerschweif eine Kurve in die Nacht und dreht auf uns zu.

Einschlag, kurz hinter der Brücke! Eine Explosion, eine dumpfe Erschütterung.

An Steuerbordseite wird es schlagartig hell, es sieht aus, als brenne eine gewaltige Wunderkerze ab, rötlicher Funkenflug, es riecht verbrannt, nach Schwefel und nach Chemikalien. Sofort bekommt das Schiff Schlagseite, mit einem Ruck etwa um 20 Grad legt sich die *Jolly Indaco* nach Backbord, dann um 30, schließlich um 40 Grad, es geht erschreckend schnell. Ich greife zum UKW-Gerät und setze auf Kanal 16 einen Notruf ab: »Mayday! Hier *Jolly Indaco!* Wir drohen nach Beschuss zu sinken! Mayday!«

Etwa zehn Sekunden vergehen, zehn Sekunden tiefer Stille, was als seltenes Erlebnis gilt in einem Seegebiet, in dem gelangweilte Nachtwachen pausenlos Fußballergebnisse austauschen oder den neuesten Klatsch aus ihren Heimathäfen. Dann spricht eine tiefe Stimme zu mir:

»Hier meldet sich ein Kriegsschiff der Seestreitkräfte von Saudi-Arabien. Wir sehen Sie und wir sehen ein großes Loch. Gehen Sie besser in die Boote, denn ein zweiter Angriff ist nach unseren Erfahrungen nicht auszuschließen.« Wer hat uns angegriffen? Iranische Marine, die Iraker? Und warum befindet sich dieses saudische Kriegsschiff in Sichtweite? Meine Gedanken rasen, als jemand schnaufend die Treppe zur Brücke heraufstürmt: Der Kapitän, nur in Unterwäsche gekleidet – nebenbei bemerkt: kein Anblick, an den ich mich gerne erinnern werde –, stößt mit weit aufgerissenen Augen hervor:

»Maringer, verflucht noch mal, Sie haben einen Bohrturm gerammt!«

»Das war kein Bohrturm«, antworte ich, »das war eine Rakete!«

Nun stutzt er, scheint mit Verzögerung zu begreifen, was vor sich geht, murmelt »Der kentert uns weg«, und befiehlt dem Dritten Offizier, der inzwischen ebenfalls auf der Brücke erschienen ist, die Rettungsboote klarzumachen. 25 Mann Besatzung arbeiten auf der *Jolly Indaco* und nicht allen ist der Ernst der Lage bewusst. Einige wollen, wie ich später hören werde, ihre Stereoanlagen und eilig gepackte Koffer mit auf die Rettungsboote nehmen. Ich befinde mich auf Befehl des Kapitäns (»Maringer, Sie, der Chief und ein Matrose sehen sich den Schaden an!«) tief unten im Schiff.

Was wir entdecken, erzeugt einen Schauer, denn es ist klar, wie knapp uns der Tod verfehlt hat; wir sehen ein gewaltiges Loch, groß wie die Fassade eines Einfamilienhauses, knapp oberhalb der Wasserlinie; die Rakete hat einen mit 400 Tonnen gefüllten Ballasttank durchschlagen, dessen Wasser nun in den Luken steht. Was erklärt, warum das Schiff nach dem Einschlag zur Seite kippte. Bis in einen Laderaum ist die Rakete eingedrungen, der seit dem letzten Hafen nahezu leer steht, zum Glück, denn das Feuer erlosch rasch. Es ist klar: Hätte die Rakete die Brücke direkt getroffen, wäre dies unsere letzte Reise gewesen. Experten haben mir später erklärt, dass uns vermutlich die Position eines fahrbaren Zwillingskrans rettete, der zum Löschen der Ladung achtern an Deck stand und nicht, wie sonst, unmittelbar hinter den Aufbauten. Die Rakete suchte sich jene Stelle, wo sie die stärkste metallische Anziehung fand; sie schlug nicht im Bereich der Brücke ein, sondern wurde durch die Masse des Krans nach hinten abgelenkt.

Durch die Druckwelle ist der Rumpf der *Jolly Indaco* einmal der Länge nach gerissen, Wasser dringt ein. »Kriegt ihr den Deckel drauf?«, höre ich aus dem Walkie-Talkie und verstehe, worauf die Frage abzielt: Das Wasser kann durch die tischplattengroße Öffnung weiter nach unten ablaufen und von den starken Pumpen, die das Schwergutschiff mitführt, außenbords gelenzt werden. Es fällt schwer, die mächtigen Schrauben im knöcheltiefen Wasser zu lösen; der Deckel ist so gewichtig, dass wir ihn zu dritt kaum anheben können. Aber wir schaffen es. In Gefahr setzt man besondere Kräfte frei.

Zurück auf der Brücke, gibt mir der Käpt'n sofort die nächste Order: Ich gehe nach achtern, um den Schaden im Bereich eines Lastenfahrstuhls zu prüfen; die Druckwelle hat einen Deckel abgerissen und auch in diesen Teil des Schiffs strömt Wasser. Ich bin von den Ereignissen verstört und fühle mich erschöpft. Wie durcheinander ich bin, bemerke ich, als die *Jolly Indaco* auf einen anderen Kurs geht. Es ist eine klare Nacht, die Sterne leuchten und ich bin derart verunsichert, dass ich die helle Venus für ein heranschwirrendes Geschoss halte und rufe: »Achtung, die greifen wieder an!«

Indes hat sich die Lage entspannt, denn die leistungsstarken Pumpen arbeiten mit vollem Druck und bringen das Schiff wieder ins Gleichgewicht. Die Mannschaft ist von den

Rettungsbooten zurück an Bord geklettert und wir laufen mit langsamer Fahrt auf einem südöstlichen Kurs in Richtung Bahrain. Über Norddeich Radio hat der Kapitän unseren Reeder in Kenntnis gesetzt und darum gebeten, die Formalitäten für Manama zu klären, wo das Schiff in einem gewaltigen Trockendock, das selbst für Supertanker geeignet ist, repariert werden kann. Ich hoffe, dass man auch unsere Familien informiert, was aber nicht geschieht.

Stattdessen läuft meine zwölfjährige Tochter um kurz vor sieben Uhr deutscher Zeit aufgeregt zu meiner Frau, die gerade die Pausenbrote in der Küche schmiert: »Mama, im Radio haben sie gerade gesagt, dass eine Rakete Papas Schiff getroffen hat!« Meine Familie bekommt einen furchtbaren Schreck – zum Glück melde ich mich wenige Minuten später über Norddeich Radio. Wie die Deutsche Welle an ihre Information kam, bleibt ein Rätsel.

Es gibt diverse Probleme zu lösen, bis das Schiff tatsächlich im Dock liegt – wegen meines Notrufs und der vorübergehenden Schlagseite fürchten die Behörden, dass wir beim Löschen der Container im Hafen sinken. Drei Tage verbringen wir auf Reede, an einem Ankerplatz mit flachem Wasser, bis wir einlaufen dürfen und die *Jolly Indaco* ins Dock kommt, wo sie neben anderen Schiffen liegt, die von Raketen und Granaten getroffen wurden. Eines weist einen glatten Durchschuss auf. Einige Ballistikexperten kommen an Bord, darunter zwei Engländer, vermutlich vom Geheimdienst, die alle Splitter der Rakete einsammeln und auf dem Deck auslegen. Einer von ihnen raunt mir zu, es handele sich um einen französischen Flugkörper, auf dem sie eine deutsche Seriennummer finden. Wer die Rakete abgefeuert hat, ist bis heute ungeklärt. Das Loch in der Außenwand misst 54 Quadratmeter; es dauert mehr als sechs Wochen, den Schaden zu reparieren, und kostet umgerechnet 1,5 Millionen Mark.

In den nächsten Monaten fahre ich immer wieder durch den Persischen Golf, unter anderem mit 17 Dieselloks für

Kuwait. Nach dem Beschuss spüre ich in manchen Nächten ein mulmiges Gefühl, aber was bleibt mir übrig? Die Reederei zeigt sich trotz des Risikos kostenbewusst: Schiff und Ladung sind auf diesen Fahrten extra versichert.

Uns Seeleute versichert man nicht.

....

Kapitän Robert Maringer, Jahrgang 1936,
kam in Dessau zur Welt, als Sohn eines Piloten
der Junkers-Werke. Nachdem sich sein Traum,
auch Flugkapitän zu werden, in den Nachkriegs-
wirren zerschlagen hatte, stellte ihn der Vater
vor die Wahl: Tankstelle oder Seefahrt?
Maringer heuerte als Moses bei der Bremer
Hansa-Linie an und durchlief eine Laufbahn
bis zum Kapitän.

161

14 SONNENRETTER

....

»Aus Überzeugung und gegen jeden Widerstand trotzdem zu helfen, wenn Hilfe benötigt wird. Für Schwache einzustehen, bedingungslos – ich wünschte, es würde viel mehr solcher Menschen auf der Welt geben, die wie Kapitän Martin Kull handeln.« *~ Axel Prahl*

....

13° 09' N / 114° 4' O
VOR DER KÜSTE VIETNAMS, SÜDCHINESISCHES MEER
FORSCHUNGSSCHIFF »SONNE«
21. AUGUST 1988

Eine Untersuchung des Meeresbodens ist in vollem Gange, als man an Bord des Forschungsschiffs »Sonne« ein Fischerboot entdeckt, in dem Menschen verzweifelt winken. Sind es Boatpeople? Oder ist es eine Falle von Piraten? Die chinesischen Wissenschaftler protestieren, doch für MARTIN KULL gibt es kein Zögern: Er eilt zu Hilfe.

Dass man von Bord des kleinen Fischerboots nun einen Bambuskorb zu Wasser lässt, beobachte ich mit Sorge. PK 1394 OCI, so die Kennung an der Bordwand, scheint restlos überfüllt zu sein. Wie lange treiben die Flüchtlinge bereits in der schwülen Hitze auf dem Südchinesischen Meer? Ist eine Seuche ausgebrochen? Gibt es Tote an Bord? Oder handelt es sich um eine gemeine Falle von Piraten?

Vier Männer steigen in den Bambuskorb und rudern auf uns zu. Wir müssen wachsam sein, doch als der Korb näher kommt, sehen wir ausgezehrte Gesichter: »Boatpeople«, wie die Zeitungen sie nennen. Sie klettern die Lotsentreppe der *Sonne* hinauf. Es ist 13.09 Uhr, am 21. August 1988.

Eben waren wir noch damit beschäftigt, den Meeresboden mit einem Fächerecholot zu vermessen, doch nun ist eingetreten, was wir vor jeder Reise ins Südchinesische Meer befürchtet hatten: Wir sind Teil eines großen Dramas, in dem Hunderttausende Menschen versuchen, auf kaum seetüchtigen Booten dem kommunistischen Regime in Vietnam zu entkommen.

Expedition SO-58 des Forschungsschiffs *Sonne* war in Hongkong gestartet und bislang nicht besonders gut verlaufen. Im Seegebiet der Maccles Field Bank verloren wir einen Seitensonar. Den sechs chinesischen Wissenschaftlern an Bord,

Geologen aus Shanghai und Tsintao, gefällt nicht, dass ich wegen des Notfalls unseren Kurs ändere. Sie befürchten, dass mir Menschenleben wichtiger sind als ihre Bodenuntersuchung. Und damit liegen sie richtig.

Die Chinesen protestieren beim wissenschaftlichen Fahrtleiter, der mit einer Beschwerde zu mir auf die Brücke eilt. Aber welche Alternative gibt es denn? Soll ich Dutzende Schiffbrüchige ihrem Schicksal überlassen? Soll ich sie treiben lassen in der erbarmungslosen Schwüle, mit dem Wissen, dass sie verhungern, dass sie verdursten oder Piraten in die Hände fallen?

»Kommt gar nicht in Frage«, antworte ich. »Schluss jetzt!«

24 Jahre lang fuhr ich auf Frachtern und Containerschiffen über die Weltmeere, bevor ich durch eine glückliche Fügung als Erster Offizier der *Polarstern* anheuerte und gleich zur Jungfernfahrt einstieg. Zu einer abenteuerlichen Reise in die Antarktis, wo wir die deutsche Forschungsstation Georgvon-Neumayer mit Ausrüstung, mit Lebensmitteln und Spezialdiesel versorgten und Müll abholten. Endlose sieben Kilometer lang war der Weg von der Eiskante zur Station auf dem Ekströmschelfeis.

Das Leben auf einem Forschungsschiff unterscheidet sich deutlich von der Bordroutine eines Frachters. Womit ich nicht nur den Empfang im Hafen meine, denn auf einem Frachter ist es mir nie passiert, dass mehr als 200 Schaulustige an der Pier von Kiel winkten, um das einlaufende Schiff zu begrüßen. Auf einem Forschungsschiff wie der *Polarstern* leben 41 Mann Besatzung und 65 Geologen, Biologen, Fischereiexperten zusammen. Man muss sich miteinander arrangieren, wenn ein Arbeitstag im Zielgebiet 24 Stunden lang ist und ohne Pause in die nächste Schicht übergeht. Zu den Arbeiten gehört es, Roboter auszusetzen oder Proben zu nehmen. Eine Zeit lang versuchten wir uns mit der *Polarstern* auch als Hochseefischer und holten Krill aus der Tiefsee der Antarktis. Als herauskam, dass ein Stoff in den Schalen der

Tiere für den menschlichen Verzehr nicht geeignet war, gab man die Krillforschung schnell wieder auf.

Für unsere Matrosen heißt es im Alltag oft genug, nicht nur auf das Forschungsmaterial, sondern auch auf die Gelehrten aufzupassen. Darauf zu achten, dass die Forscher kein Kran trifft, sie nicht in eine Winde geraten oder von einer überkommenden See erwischt werden. In einem schweren Sturm südlich von Spitzbergen hockten einmal alle Wissenschaftler zitternd und mit angelegten Rettungswesten auf dem Gang, weil sie fürchteten, die Proben vom Meeresboden persönlich nehmen zu müssen. Es schaukelte wirklich heftig auf dieser Orkanfahrt, doch es gelang mir, die Passagiere zu beruhigen und das Schiff unbeschadet durch den Sturm zu bekommen.

Als Besatzung eines Forschungsschiffs sind wir Dienstleister für die Wissenschaftler, aber nicht ihre Diener in einem schwimmenden Hotel Vier Jahreszeiten. Was ich einmal zwei Jungforschern klarmachte, die, nachdem wir sie von einer Station aufgenommen hatten, unsere Matrosen mit barschen Worten aufforderten, ihre Koffer in die Kabine zu tragen. Ein anderer Fahrtleiter bestand darauf, die Weihnachtsfeier trotz hervorragender Forschungsergebnisse zu verkürzen und um 0.01 Uhr den nächsten Einsatz zu beginnen. Solche Respektlosigkeiten blieben aber zum Glück Ausnahmen.

Ich erinnere viele schöne Episoden, wie zum Beispiel einen Badeausflug auf das Ringatoll Gardner Island in der Südsee. Weil alle Proben in bestmöglicher Qualität genommen worden waren und uns bis zum Anlaufen der Tuvalu-Insel Funafuti Zeit blieb, schlug ich dem Fahrtleiter vor, seinen Geburtstag am Strand zu verbringen. Er willigte ein. Wenig später badete die Mannschaft in einer Lagune, die aussah wie aus der Kokosriegelreklame.

Kompetenzen an Bord sind klar geregelt: Der Fahrtleiter legt fest, wohin die Reise geht und wie exakt das Programm aussieht. Als Kapitän bin ich für die Sicherheit von Schiff und Besatzung verantwortlich. Ich habe das letzte Wort,

165

niemand sonst. Mit den schimpfenden Chinesen, die meine Rettungsaktion nicht akzeptieren wollen, möchte ich nicht diskutieren. Wie dramatisch die Situation auf dem Fischerboot ist, berichtet ein Sprecher der Flüchtlinge, ein junger Mann namens Vu Ngoc Van. Vor drei Tagen sind sie nahe der Küstenstadt Nha Trang in See gestochen und haben mangels Kompass die Orientierung verloren; an Bord gibt es kaum noch Trinkwasser; der Treibstoff ist aufgebraucht. Manila, der nächstgelegene Hafen, liegt mehr als 400 Seemeilen entfernt. Etwa 150 Menschen befinden sich an Bord, darunter 35 Frauen und 70 Kinder. Zwei Frauen sind hochschwanger, eine andere schwer krank, eine bewusstlos. Ich gebe Anweisung, das Fischerboot längsseits zu nehmen und unterhalb der Lotsenleiter festzumachen; es ist 18 Meter lang und etwa sechs Meter breit, mit drei kleinen Luken unter Deck und einem Ruderhaus achtern. Kaum zu glauben, dass so viele Menschen darauf Platz fanden. Um 13.45 Uhr tragen unsere Matrosen die Bewusstlose an Deck und helfen Frauen und Kindern, an Bord der *Sonne* zu klettern. Es gibt keine Probleme.

Unser Schiffsarzt versorgt die Kranken im Schiffshospital. Jeder an Bord hilft, so gut es geht: Aus der Kombüse bringt man Tee, Mineralwasser und Malzbier; die Stewards organisieren Decken, alle spenden T-Shirts oder andere Kleidungsstücke und Matrosen richten mit Segeltüchern provisorische Duschen an Deck ein. Weil noch unklar ist, ob die Flüchtlinge an Krankheiten leiden, räumen die (nichtchinesischen) Forscher zwei Labors und schaffen ein Lager für Kinder und Frauen; die Männer werden in einem Gang auf Deck zwei untergebracht.

Ich kontaktiere unsere Agentur in Manila mit der Bitte, die deutsche Botschaft und das Flüchtlingshilfswerk der Vereinten Nationen (UNHCR) zu informieren. Matrosen der *Sonne* klettern auf das Fischerboot, um die Flutventile zu öffnen; das Boot soll sinken, damit es die Schifffahrt nicht gefährdet. Dann geht die *Sonne* auf Kurs Manila.

Erleichtert stellen wir fest, dass es der kranken Frau schon bald besser geht und sich alle Flüchtlinge in der Kühle der Klimaanlage und dank einer warmen Mahlzeit rasch von den Strapazen erholen. Vu Ngoc Van, ihr Sprecher, erzählt mir, wie erleichtert man auf dem Fischerboot war, als man die deutsche Fahne am Heck der *Sonne* entdeckte. Die Flüchtlinge fürchteten, von einem kommunistischen Schiff aufgegriffen zu werden, das sie zurück nach Vietnam brächte. Oder von Piraten entdeckt zu werden, die Frauen in Bordelle verschleppen und Männer beim kleinsten Versuch der Gegenwehr töten. Van erzählt mir seine Geschichte: Im Krieg kämpfte er auf Seiten der USA und war deshalb in Straflagern eingesperrt worden. Seine Familie, berichtet er, wird seit Jahren terrorisiert; das Fischerboot war seine einzige Chance auf ein neues Leben, eine Chance, für die er, wie alle an Bord, seine gesamten Habseligkeiten gab. Mehrere Frachter waren wenige Seemeilen entfernt vorbeigefahren, ohne auf die Hilferufe zu reagieren. In der Gegend operiert auch ein Forschungsschiff der UdSSR, das – zum Glück für die Flüchtlinge – seine Arbeit nicht unterbrach.

Auf der Brücke der *Sonne* trifft ein Telex ein, in dem steht, dass die philippinischen Behörden auf eine Erklärung der deutschen Regierung warten, die garantieren soll, alle Flüchtlinge zu übernehmen. Bis zum Einlaufen in Manila benötigen wir dafür eine lückenlose Liste aller Namen und Geburtsdaten, in 20-facher Ausfertigung. Keine leichte Aufgabe, denn es herrscht ein großes Durcheinander; wir bitten alle Flüchtlinge an Deck und gehen dann einzeln mit ihnen ins Innere der *Sonne*, um sie zu registrieren.

Um kurz nach vier klingelt das Telefon auf der Brücke. Ein Vertreter der deutschen Botschaft meldet sich mit einer guten Nachricht: Die Garantieerklärung der Bundesregierung liegt vor. Als unsere Passagiere davon erfahren, brandet lauter Jubel auf dem Schiff auf. Ein französischer Geologe erzählt mir von einem wunderbaren Zufall: Während er mit einer jungen Mutter plauderte, wunderte er sich über deren tadelloses Französisch. Wie sich herausstellte, betreibt ihre Schwester in Paris ein kleines vietnamesisches Restaurant – in der Nachbarschaft des Geologen. Es ist eines seiner Stammlokale.

Am Morgen des 23. August, um 7.48 Uhr, lassen wir auf dem Quarantäneplatz vor Manila den Anker fallen. Kurz darauf kommen Mitarbeiter der Gesundheitsbehörde an Bord, Beamte der Immigration und des Zolls, alles Routine. Wir verholen auf Liegeplatz vier, Pier 15. Einige Stunden vergehen, bis sich eine gewisse Frau Isidra P. Enriquez vom Intergovernmental Committee for Migration vorstellt, um die Flüchtlinge abzuholen. Weil ich weder Frau Isidra P. Enriquez kenne noch vom Intergovernmental Committee for Migration jemals etwas gehört habe, warte ich auf einen Vertreter der deutschen Botschaft und die offizielle Note. Ich möchte, dass die Flüchtlinge, die Qualen durchlitten haben, in sichere Obhut kommen und nicht in irgendein Dschungellager.

Am Nachmittag überbringt mir ein Mitarbeiter der deutschen Botschaft das amtliche Schreiben. 159 Flüchtlinge verlassen die *Sonne* und steigen in drei Reisebusse, die an der Pier warten. Ergreifende Szenen spielen sich ab, Umarmungen, einige Retter und Gerettete weinen. Van und ich versprechen uns, dass wir uns wiedersehen. Ein Jahr wird es dauern, bis die Vietnamesen das Lager auf den Philippinen verlassen dürfen und in Deutschland eintreffen. Van predigt heute als Pfarrer einer deutsch-vietnamesischen Gemeinde im Raum Stuttgart, ist verheiratet und hat zwei Töchter, die beide studieren. Mit jenem Tag, als die *Sonne* zur Rettung kam, sind wir Freunde geworden.

....

*Kapitän Martin Kull, 1941 in Danzig geboren, wuchs
nach der Flucht im oberpfälzischen Waldau auf.
Als 16-Jähriger fuhr der Sohn eines Landwirts mit dem
Rad nach Hamburg, um seinen Onkel zu besuchen,
einen Seemann. Kull bewarb sich auf dem Schulschiff
»Deutschland« und durchlief eine Karriere bis zum
Abschluss des A6-Examens im Jahre 1967. 24 Jahre lang
fuhr er in der Handelsmarine, bevor er als Kapitän auf
ein Forschungsschiff wechselte. 24 Jahre lang befehligte
er insgesamt sieben Forschungsschiffe, bis zu seiner
Pensionierung im November 2006 die legendäre »Meteor«.*

*Nach Ende des Vietnam-Krieges 1975 kam es zu
einem humanitären Drama im Südchinesischen Meer.
Mehr als 1,6 Millionen Vietnamesen versuchten, dem
kommunistischen Regime über das Meer zu entkommen.
Häufig in überladenen, baufälligen Booten, auf denen
Krankheiten ausbrachen. Mehr als eine Viertelmillion
»Boatpeople« verdurstete, verhungerte oder ertrank.
Tausende wurden von Piraten verschleppt.*

¹⁵ HELD IN DER BRANDUNG

»Bewundernswert, was der Kapitän immer wieder riskiert. Man liest und fragt sich: Würde ich in einer solchen Situation dasselbe tun? Würde ich überhaupt die Nerven behalten? Hätte ich die Kraft und den Mut, so selbstlos zu handeln? Ich hoffe es!« ~ *Axel Prahl*

39° 15' N / 31° 10' W
VOR DER WESTKÜSTE DER AZORENINSEL FLORES
FRACHTER »FRANK LEONHARDT«
AM 22. DEZEMBER 1965

×

Die Lage ist todernst: 32 griechische Seeleute sitzen auf einem Wrack vor der Steilküste der Azoreninsel Flores fest. Schwere Brecher krachen gegen den Havaristen, der jeden Moment durchbrechen kann. NIELS HELD entschließt sich zu einem waghalsigen Manöver, das viele Leben rettet.

Im amerikanischen Luftwaffenstützpunkt »Lajes Field« auf den Azoren hatte man ein SOS aufgefangen. »Griechisches Turbinenschiff *Papadiamandis* in Seenot, Position: etwa zehn Meilen südlich der Insel Flores«, lautete der Notruf. Wir liefen ganz in der Nähe mit Frachter *Frank Leonhardt* auf einer Ballastfahrt von Europa an die Ostküste der USA. Der Kapitän ließ sofort den Kurs ändern, am Morgen des 22. Dezember 1965.

Nördlich von uns lag ein Schlechtwettergebiet, was wir an der enormen Dünung merkten. Die Wellen kamen aus Nordwest und waren gewaltig, etwa acht Meter hoch und 250 Meter lang. Ansonsten schien die Sonne aus einem tiefblauen Himmel und der Wind wehte lau, vielleicht mit vier Beaufort. Mit schnellstmöglicher Fahrt kämpfte sich die *Frank Leonhardt* durch den aufgewühlten Atlantik. Nach knapp zwei Stunden befanden wir uns vor Flores, der westlichsten Insel der Azoren, doch ein Schiff in Seenot war nicht zu sehen.

Stattdessen bemerkten wir zwei amerikanische Aufklärungsflugzeuge, die offenbar die Westküste des Eilands absuchten. Auf der Brücke überlegten wir – ich war Zweiter Offizier auf dieser Reise –, was nun zu tun war, und beschlossen, den Fliegern zu folgen. Durch die Ferngläser sahen wir eine etwa 100 Meter hohe, schroffe Felswand. Flores ist nicht besonders breit und wir hatten bereits die Hälfte der Küstenlinie abgefahren, als jemand rief: »Seht mal, was macht der denn?« Der Pilot im Aufklärungsflugzeug wackelte mit den Tragflächen, als wolle er uns auf etwas aufmerksam machen. Eine Funkverbindung zwischen Schiff und Flugzeug gab es nicht. Minuten später wussten wir, was der Flieger meinte: Die Umrisse eines Frachters waren vor den Felsen zu erkennen, ziemlich genau fünf Seemeilen südlich des Leuchtturms Farol do Albarnaz. Offenbar hatten die Griechen dessen Feuer mit dem einer Signalstelle an der Südspitze der Insel verwechselt – und waren mit voller Fahrt gegen die Klippen gelaufen. Jemand musste tief geschlafen haben auf der Brücke des Turbinenschiffs *Papadiamandis*.

Als wir näher kamen, wurde uns bewusst, wie bedrohlich die Situation für die Seeleute an Bord des Havaristen war: Der Bulkcarrier lag mit dem Steven hoch auf einem Felsen, etwa 300 Meter vor der Küste, inmitten einer gewaltigen Brandung, die gegen die Steilklippen schlug. Wir entschieden, ein Rettungsboot auszusetzen und die Männer zu bergen. 31 Seeleute harrten noch aus und niemand konnte wissen, ob das Wrack nicht auseinanderbrach.

Zwischen dem Ersten Offizier und mir kam es zu einem Disput: Wer durfte das Rettungsboot fahren? Er war zwar der ranghöhere Offizier, aber ich als Zweiter für alle Sicherheitsfragen an Bord zuständig. Ich ließ nicht locker, bis der Kapitän den Kopf schüttelte, seufzte und eine Münze warf, um den Streit zu entscheiden. »Kopf«, sagte ich. Die Münze fiel auf Kopf.

Warum ich unbedingt in einem Holzboot in die tosende Brandung wollte? Weil ich es als meine Pflicht empfand und außerdem dachte, die Aktion könne Spaß bringen. Meist verlief der Alltag an Bord eines Frachters nicht besonders aufregend. Vor dem Meer habe ich Respekt, jedoch keine Angst, denn ich wuchs auf der Nordseeinsel Föhr auf. Seit ich ein kleiner Junge bin, fahre ich hinaus. Ich wählte sechs Männer für die Rettungsaktion aus: fünf Matrosen und einen Ingenieur, die sich allesamt freiwillig gemeldet hatten. Zwei Männer mehr als eigentlich nötig, aber ich misstraute dem Motor des Bootes, der 40 PS schwach war. Für den Fall, dass wir rudern mussten, wollte ich frische Kräfte an Bord wissen. Das Boot an Backbord wurde klargemacht und der Kapitän legte die *Frank Leonhardt* so auf Position, dass wir einigermaßen geschützt zu Wasser gelassen wurden. Weil ich fürchtete, dass der Motor, mit dem ich zuvor schon schlechte Erfahrungen gemacht hatte, heiß laufen könnte, gab ich Order, ihn erst dann anzuschießen, wenn wir auf dem Wasser waren. »Anschießen« ist keine Übertreibung: Mit einem Hammer musste man eine Patrone zerschlagen, um durch diese Explosion den Motor in Gang zu setzen.

Wir wurden an der Bordwand runtergefiert und bekamen gleich zu spüren, wie gewaltig die Dünung war. Die Wellen hoben uns mehrere Meter in die Höhe. Wir pickten die Haken aus und riefen »Boot ist los!«, worauf der Kapitän auf der Brücke »Voll voraus!« gab, weil die *Frank Leonhardt* in der Zwischenzeit bedrohlich nahe an die Küste herangetrieben worden war. Unser Ingenieur versuchte, den Motor des Rettungsbootes in Gang zu bekommen. Er schlug auf die Patrone, es machte »Peng!«, doch der Motor rührte sich nicht.

Das Boot rutschte entlang der Bordwand nach achtern. Irgendwie verkantete es achtern an einem Auge am Heck. Alle an Bord schwebten nun in Lebensgefahr. Wir konnten in jedem Moment vom Propeller erfasst und in Stücke geschlagen werden. Die nächste Welle hob uns an, das Boot klappte mit der Welle regelrecht an der Bordwand hoch. Zum Glück verlor niemand sein Gleichgewicht und fiel in die See, und als die Welle ablief, kam das Boot wieder frei. Mit der nächsten Patrone gelang es, den Motor auf Touren zu bringen. Auf der *Frank Leonhardt* hatte man von den dramatischen Momenten gar nichts bemerkt.

Wir nahmen Kurs auf den Havaristen, und je näher wir dem Wrack kamen, desto kürzer und steiler wurden die Wellen. Mit mächtigem Donnern brachen sie auf Höhe des Decks und die Gischt stieg meterhoch auf, wie in Fontänen. Auf dem

Mittschiffshaus der *Papadiamandis* entdeckten wir die Schiffbrüchigen, die uns zuwinkten und wild gestikulierten. Im Tosen der Brandung waren ihre Rufe nicht zu hören. Wie bekamen wir die Männer von Bord? Am Rumpf der *Papadiamandis* anzulegen war wegen des enormen Seegangs viel zu riskant. Ich begann damit, die Wellen zu studieren, und stellte eine gewisse Regelmäßigkeit fest: Drei mächtig großen Brechern folgten meist drei kleinere Wellen, und eine kurze Atempause dazwischen, die etwa zwei Minuten lang war, schien unsere Chance zu sein: Die Seeleute mussten einzeln ins Wasser springen, bevor wir hinfuhren und sie an Bord ziehen konnten. Wir versuchten, diese Idee mit Handzeichen zu erklären, was nicht gerade leicht war. Vielleicht wollte man uns zuerst auch nicht verstehen, denn wer springt schon gerne, ohne seinen Retter zu kennen?

Wir sahen, dass sich der erste griechische Matrose eine Leine umband. Ich wartete die nächste Wellenpause ab und gab ihm ein Handzeichen. Der Mann sprang ins Wasser. So schnell es ging, fuhren wir zu ihm hin, ließen uns etwa 15 Meter vor der Bordwand treiben und zogen ihn in unser Rettungsboot. Der erste Seemann war also gerettet oder sagen wir: zumindest auf unserem Boot. Nun hieß es, schnell wieder vom Wrack wegzukommen, bevor uns die nächste große Welle erfasste und gegen die Bordwand oder einen der Felsen warf, die aus dem Wasser ragten.

Nach der fünften Bergung bekamen wir Übung und wir trauten uns immer näher an das Wrack heran. Manchmal sogar bis auf fünf Meter. Auch einige der Geretteten wagten mehr und verzichteten auf Überlebenswesten, die einen mehr behinderten, als sie wirklich nutzten. Dass die amerikanischen Jets ständig im Tiefflug über uns hinwegdonnerten, um Schlauchboote abzuwerfen, geschah bestimmt mit besten Absichten, war aber wenig hilfreich. Der Lärm störte enorm.

Nach etwa einer Stunde hockten 15 Männer frierend und durchnässt im Boot. Gerettete und Retter waren schmutzig, denn ausgelaufenes Schweröl trieb auf dem Meer. Das Boot war derart überfüllt, dass es schon etwas Wasser nahm. Es wurde Zeit, zur *Frank Leonhardt* zurückzufahren, um die ersten Schiffbrüchigen in Sicherheit zu bringen.

An Bord des Frachters hatte man Netze außenbords gehängt, an denen sich die Schiffbrüchigen festhielten. Sie wurden mit einer Winsch an Deck gehievt, bekamen trockene Kleidung und warme Getränke. Wir fuhren zurück zur *Papadiamandis*, um den Rest der Besatzung zu bergen. Inzwischen war auch ein Dampfer von »Gottes eigener Reederei« eingetroffen, wie wir die Kollegen der Hapag nennen. Sie hatten ebenfalls ein Boot ausgesetzt und schaukelten in der Dünung, hielten aber vorsichtige Distanz, weil sie nicht recht wagten, durch die Wellen zum Havaristen zu steuern.

Nach der erprobten Methode begannen wir erneut, in den Pausen zwischen großen Brechern die Leute aufzufischen, was nicht leichter wurde, denn nun waren noch die Ängstlichen an Bord. Einige weigerten sich, ins Wasser zu springen, einige reagierten panisch und schlugen um sich. Die Seefahrer aus Hamburg sahen genau zu, wie wir das machten, und holten ebenfalls drei Leute von Bord. Als Letzten nahmen wir den Kapitän auf, einen kleinen, dunkelhaarigen Mann. Wir waren gerade aus der Brandung herausmanövriert und knapp einer großen Welle entwischt, als er auf die Bordwand zeigte und schrie:

»Meine Aktentasche! Da vorne, an der Leine. Können wir die holen?«

Ich glaubte, nicht richtig zu hören.

»Wegen Ihrer Papiere fahre ich da bestimmt nicht hin und riskiere Menschenleben!«, schnauzte ich ihn an. Ich war wütend.

Es war dunkel geworden und wir fuhren zur *Frank Leonhardt* zurück. Als wir am Rettungsboot der Hapag-Kollegen vorbeikamen, rief ich ihnen im Scherz zu: »Wenn ihr dem Kapitän einen Gefallen tun wollt, holt noch seine Aktentasche!

Die hängt noch an einem Tau an der Bordwand!« Das konnte nicht ernst gemeint sein, denn die Dünung war in der Zwischenzeit noch stärker geworden, so stark, dass ich sehen konnte, wie die Schraube unseres Frachters in der Luft drehte. Einige Männer auf den Rettungsbooten übergaben sich.

An der *Frank Leonhardt* angekommen, gingen die Männer in die Netze und wurden an Deck gezogen; ein besonders tüchtiger Matrose, der Ingenieur und ich blieben auf dem Rettungsboot, das wir nun irgendwie zurück an Bord bekommen mussten. Um es kurz zu machen: Beim ersten Versuch, wir hatten das Boot gerade eingepickt, erwischte uns eine gewaltige Welle und verbog die Davits, wie die Hebevorrichtungen aus Stahl genannt werden. Erst mit einem unorthodoxen Manöver, für das wir einen Ladebaum an Luke vier benutzten, gelang es uns, das fünf Tonnen schwere Boot zurück auf den Frachter zu hieven. Zehn lange Stunden waren seit Beginn der Rettungsaktion vergangen.

Unser Kapitän entschied, den kleinen Hafen der Inselhauptstadt Santa Cruz das Flores anzusteuern. Die meisten der Geretteten wirkten apathisch und verstört; einige bedankten sich müde, als sie mich sahen. Ich war zwar erschöpft, aber innerlich aufgewühlt, ging in meine Kabine, duschte heiß und wechselte die Kleidung. Die Klamotten, die ich während der Rettungsstunden getragen hatte, waren dermaßen ölverschmiert, dass ich sie über Bord warf. Kurz vor Mitternacht schifften wir die Griechen aus.

Im Büro unserer Reederei begann nun die Suche nach der Reederei der *Papadiamandis*, deren Versicherung man die Rechnung für die verbogenen Davits schicken wollte. Rasch stellte man fest, dass das Schiff einer Briefkastenfirma in London gehörte. Dubios erschien auch der Inhalt der Aktentasche, die der Kapitän verloren hatte. Die Kollegen der Hapag hatten meinen Scherz missverstanden und waren trotz des hohen Risikos noch einmal zum Wrack gefahren: Die Tasche war randvoll mit Dollarnoten.

Von der Deutschen Gesellschaft zur Rettung Schiffbrüchiger erhielt ich für meinen Einsatz eine schöne Urkunde und die »Goldene Medaille am Bande«, die höchste Auszeichnung, die von den Seenotrettern verliehen wird. Von den Griechen aber haben wir nie wieder etwas gehört: kein Brief, keine Postkarten, nicht das kleinste Dankeschön. Ich hege keinen Groll. Auf See ist es selbstverständlich, dass man anderen in Not hilft.

....

Kapitän Niels Held, Jahrgang 1941, stammt aus einer traditionsreichen Seefahrerfamilie der Insel Föhr. Sein Großonkel war Kapitän des legendären Fünfmastrahseglers »Preußen«; drei seiner vier Onkel fuhren als Kapitäne zur See. Held startete seine Laufbahn als 15-jähriger Moses auf der »Anton Wilhelm« aus Brake und machte bereits acht Jahre später das A6-Patent. 1975 wurde er Lotse im Hamburger Hafen und brachte die »Queen Mary 2« vor Hunderttausenden Zuschauern sicher an die Pier.

16 AUF KOLLISIONSKURS MIT DER DDR ✕

....

»Interessant ist an dieser Story besonders die Pointe. Welcher Agenten-Krimi wohl im Hintergrund abgelaufen ist? Was KGB, Stasi und BND damit zu tun hatten? Wir können es nur erahnen. Spannend.« *~ Axel Prahl*

....

54° 35' NN / 11° 16' E
FEHMARNBELT, OSTSEE
U-JAGDBOOT »NAJADE«
NACHT AUF OSTERSONNTAG, 1969

Die Mission des U-Jagdboots »Najade« ist brisant: Man soll einen Republikflüchtling retten, der von einem ostdeutschen Kreuzfahrtschiff in die kalte Ostsee springt. Als der Mann zu ertrinken droht, riskiert der Kommandant der »Najade« alles. WOLFGANG JUNGMANN erlebt heiße Stunden im Kalten Krieg.

Dass wir ein Kreuzfahrtschiff der DDR rammen sollten, hätte natürlich keiner an Bord gedacht. Aber etwas war merkwürdig an unserem Einsatz, das merkten wir bald nach dem Auslaufen, Kurs Fehmarnbelt. In der ersten Nacht gab der Kommandant Befehl, eine Puppe über Bord zu werfen, abzudrehen, aber den Dummy im Lichtkegel der Scheinwerfer zu halten. Wir übten das rund zwei Dutzend Mal. Die klassische Übung, um einen Schiffbrüchigen zu retten.

Wen sollten wir wirklich bergen?

Unser Boot hieß *Najade*, nach einer Figur aus der griechischen Mythologie. Warum die Bundesmarine ihre Schiffe damals nach griechischen Wassernymphen benannte, keine Ahnung. 65 Mann Besatzung waren an Bord, achtern ein doppeltes 40-Millimeter-Geschütz, dazu ein Arsenal aus Torpedos und Wasserbomben, zur Jagd von U-Booten. Ich war Oberleutnant im Frühjahr 1969, ein junger Offizier auf seinem ersten Bordkommando.

Auch in der zweiten Nacht fischten wir nach der Puppe. In der Offiziersmesse kursierten Gerüchte: Sollten wir einen Überläufer retten? Einen Spion? Man muss sich an die Zeit erinnern, 1969, mitten im Kalten Krieg.

Am dritten Tag rief uns der Kommandant in der Offiziersmesse zusammen. »Meine Herren«, sagte er, »wir werden jemanden aufnehmen, der morgen Nacht von Bord der *Völkerfreundschaft* springt. Nichts darf schiefgehen.« Ich erinnere mich heute noch an das aufregende Gefühl, an dieses Kribbeln im Bauch, das Adrenalin. Wir waren begeistert: endlich Abenteuer! Auch deshalb war ich zur Marine gegangen.

An der Operation war noch ein weiteres Boot beteiligt, unser Schwesterschiff, die *Triton.* Der Plan: Beide Schnellboote sollten im Abstand von wenigen hundert Metern parallel zur *Völkerfreundschaft* laufen, weil noch nicht klar war, ob der Flüchtling – nach einem kurzen Lichtsignal – Backbord oder Steuerbord von Bord springen würde. Dann würden wir ihn aufnehmen, so schnell wie möglich. Zu dieser Jahreszeit hat die Ostsee eine Temperatur von vielleicht fünf Grad, was ohne Spezialausrüstung niemand lange überlebt. Die *Völkerfreundschaft* war das Kreuzfahrtschiff der DDR, eine Art kommunistischer Luxusliner, mit dem verdiente Genossen in den Urlaub schipperten. Wir sollten das Schiff auf der Rückreise von Kuba abfangen.

Die See war ruhig in der Nacht auf Ostersonntag, kaum Wind. Wir kreuzten wie Jäger, die auf Beute lauern. Aus dem Funksprechgerät krächzten die Positionsmeldungen georteter DDR-Schiffe und russischer Frachter; das gegenseitige Sichten und Verfolgen war Routine. Die *Völkerfreundschaft* steuerte genau auf uns zu. Alles nach Plan.

Gegen 23 Uhr liefen wir neben das Kreuzfahrtschiff, unbemerkt in der Dunkelheit. Auch die *Triton* war auf Position. Da sahen wir eine Taschenlampe in einem Bullauge aufblinken, ziemlich weit oben, etwa 15 Meter über der Wasserlinie. Einmal, zweimal, dreimal. Wir strahlten das Fenster kurz an, was natürlich riskant war, aber der Mann musste wissen, dass seine Helfer vor Ort waren, bevor er in die kalte Ostsee sprang.

Das Bullauge öffnete sich, und ich konnte durch mein Nachtglas erkennen, dass der Mann versuchte, sich an einem dünnen Seil abzuseilen, vermutlich an einer Wäscheleine. Doch die Leine riss!

Er stürzte die Bordwand herunter. Alle Maschinen nun »volle Fahrt voraus«! Wir drehten hart steuerbord. Viel Platz zu manövrieren gab es nicht, und als die *Völkerfreundschaft* plötzlich ebenfalls nach steuerbord drehte, wurde es eng – zu eng.

Ungefähr zehn Meter vor dem Heck rammten wir die Seite des Kreuzfahrers. Mit knapp 22 Knoten, mit voller Wucht. Ein Geräusch wie eine Explosion. Auf der Brücke flackerte das Licht, und die *Najade* legte sich stark zur Seite, mindestens 30 Grad. Jeder auf der Brücke wurde durch den Raum geschleudert. Alle schrien durcheinander. »Zustand« nennt man solch ein Chaos.

30 Sekunden, dann fragte der Kommandant Schadensmeldungen ab. Unser Bug war verzogen, aber es gab keinen starken Wassereinbruch. Die Maschinen liefen noch. Er gab Befehl, die Scheinwerfer nun einzuschalten, um nach dem Flüchtling zu suchen. Auf Diskretion mussten wir jetzt ja keinen Wert mehr legen.

Es dauerte sechs Minuten bis zur erlösenden Meldung: »Herr Kaleu, wir haben den Mann an Bord.« Hinterher haben uns Ärzte erzählt, dass der Mann noch etwa fünf Minuten überlebt hätte. Der Republikflüchtling, der nun tropfnass im Sanitätsraum saß, war etwa Mitte 30, mittelgroß, ein wenig untersetzt. Zum Schutz vor der Auskühlung hatte er mehrere Schichten Kleidung übereinander angezogen. Seine erste Frage, als man ihn an Bord zog: »Seid ihr aus dem Westen?« Er bekam erst mal ein heißes Bad. Die *Najade* hatte zwar ein Leck, war aber seetüchtig; wir fuhren Richtung Kiel, wo wir kurz nach vier Uhr morgens einliefen.

Ich bekam den Auftrag, mit einem Dienstwagen, einem olivfarbenen VW, loszufahren, um die Eltern des Geretteten zu informieren. Sie betrieben in der Nähe von Kiel eine kleine Gärtnerei. Die Fahrt dauerte etwa eine halbe Stunde. Ich klingelte, im Haus ging ein Licht an. Eine Frau öffnete die Tür einen Spalt weit, ich sagte: »Guten Morgen. Ihr Sohn ist in Sicherheit. Wollen Sie bitte mitkommen?« Sie war natürlich nervös, hat vorsichtig ihren herzkranken Mann geweckt, dann fuhren wir zurück zum Hafen.

Ich schilderte ihr kurz die Rettung ihres Sohnes, verschwieg aber das Reißen der Leine und die Kollision. Die beiden waren schon aufgeregt genug. An Bord gab es sehr schöne, sehr bewegende Momente, Umarmungen, Tränen. Wir Offiziere fühlten uns wie Helden. Wir dachten, dass unser Einsatz morgen auf der Titelseite der »Bild«-Zeitung stehen würde: »Die Helden von der Ostsee.«

Na ja, es kam ein wenig anders.

Die Reaktion des Flottenkommandos fiel wenig euphorisch aus, als man von der Kollision erfuhr. Wir mussten sofort wieder auslaufen, noch bevor der Tag anbrach, zum Schutz vor neugierigen Blicken und Fragen von Reportern. Tagelang ankerten wir mit unserem beschädigten Schiff ein gutes Stück vor der Küste, in der Geltinger Bucht. Es war ungerecht, das empfanden wir aus tiefsten Herzen. Wir hatten das Leben eines Mannes gerettet, aber bekamen keine Belobigung, keine Anerkennung, nichts. Stattdessen vertrieben wir uns die Zeit mit Karten spielen, Lesen und Putzarbeiten.

Was zur gleichen Zeit in den Behörden von Bonn und Ost-Berlin los war, davon bekamen wir nichts mit: Die diplomatischen Drähte sollen regelrecht geglüht haben. In den Medien der DDR schimpfte man von »Menschenraub« und »Piraterie«. In der Bundesrepublik erschienen nur ein paar Meldungen.

Erst nach zehn Tagen durften wir wieder in unseren Heimathafen Flensburg einlaufen. Die *Najade* kam sofort in die Werft, und es stellte sich heraus, dass der Schaden noch schwerer ausfiel, als wir befürchtet hatten. Man hat einen großen Teil des Vorschiffs ersetzen müssen; unser Kommandant wurde zum Flottenkommando zitiert.

Die ganze Geschichte hat übrigens eine Pointe. Der Mann, dem wir das Leben gerettet haben, ist Jahre später wieder »geflohen«. Zurück in die DDR.

....

*Fregattenkapitän a. D. Wolfgang Jungmann, 1942 in
Bremerhaven geboren, stammt aus einer Familie von
Seefahrern. Schon der Urgroßvater und Großvater
fuhren als Kapitän in der Hochseefischerei. Jungmann
trat 1962 in die Deutsche Marine ein, diente auf
U-Jagdbooten, Zerstörern und dem Schulschiff
»Deutschland«. Drei Jahre lang war er Kommandant des
Zerstörers »Schleswig-Holstein« im Nordatlantik und
später zehn Jahre als Pressestabsoffizier im Einsatz.*

17 »WIR KÖNNEN DAS. WIR MACHEN DAS.«

....

»Ich bewundere die Arbeit der Seenotretter, ihren Mut, dann hinauszufahren, wenn alle anderen längst den sicheren Hafen angelaufen haben. Und ich verneige mich vor den Angehörigen, die sie unterstützen, selbst auf die Gefahr hin, dass sie bisweilen den höchsten Preis dafür zahlen.« *~ Axel Prahl*

....

53° 42' N / 7° 42W' E
DEUTSCHE NORDSEEKÜSTE
SEENOTBOOT »NEUHARLINGERSIEL«
IM WINTER 2006

Fischer mit Motorschaden, verunglückte Segler, Krankentransporte von den Inseln – Seenotretter laufen aus, um anderen zu helfen. In jedem Wetter. Und ohne Furcht. Zweifel kamen Vormann WOLFGANG GRUBEN nur, als sein Bruder während eines Einsatzes sein Leben verlor.

Wenn die Seenotzentrale in Bremen auf meinem Handy den nächsten Einsatz meldet, steige ich auf mein Rad und fahre los. Zum Boot ist es nicht weit. Seit Generationen lebt meine Familie am Hafen von Neuharlingersiel, einer kleinen Fischersiedlung an der Nordseeküste. Alle Retter unserer Station wohnen in Nachbarschaft der Pier. Es dauert nur wenige Minuten, bis ich an ihre Fensterscheiben geklopft, »Jungs, geiht wieder los!« gerufen habe und wir mit unserem Seenotboot auslaufen.

Unser Einsatzgebiet ist die Nordsee rund um die Inseln Spiekeroog und Wangerooge. Im Alltag helfen wir Fischern mit Maschinenproblemen, kümmern uns um verirrte Segler oder transportieren Kranke von den Inseln ans Festland. In jedem Wetter, gegen jede Windstärke laufen wir aus. Drei Mann Besatzung auf einem 9,5 Meter langen Boot, das nach unserer Station Neuharlingersiel benannt wurde. Ein kleines Schiff, aber wir haben Vertrauen, denn wir wissen, dass es viel aushält.

Besonders im sehr stürmischen Winter des Jahres 2006, in dem vor den Nordergründen der Kutter *Hoheweg* sank und vier Fischer ertranken, gab es viel zu tun. Wenige Tage vor Weihnachten erhielten wir den Hilferuf einer jungen Frau von Spiekeroog, die über starke Bauchschmerzen klagte. Der Wind wehte in dieser Nacht mit 12 Beaufort, und ich fragte die Zentrale sicherheitshalber, ob der Transport wirklich notwendig sei. Als ich mit meinem Rad am Anlegeplatz ankam, riss der Sturm gerade den Weihnachtsbaum aus der Verankerung. Es wurde eine Fahrt wie auf einer Achterbahn.

Unsere Patientin, die wir wegen der meterhohen Wellen auf einer Trage angeschnallt hatten, wurde zu ihrem Leiden auch noch seekrank. Ein Martyrium. Normalerweise benötigen wir etwa 20 Minuten für die Strecke, aber in dieser Nacht dauerte es mehr als eine Stunde. Endlich in Neuharlingersiel angekommen, konnten wir nicht an unseren Liegeplatz, weil der Sturm Wassermassen in den Hafen hineindrückte. Die Kaimauer war überspült.

Also gingen wir bei einem Kutter längsseits, machten fest und trugen die junge Frau an den Netzen vorbei an Land. Eine recht wacklige Angelegenheit, aber alles ging gut. Wir kamen gerade noch rechtzeitig, denn die Reifen des wartenden Krankenwagens standen bereits ziemlich tief im Wasser. Zum Glück ging es der Frau in der Klinik bald besser.

In einem anderen Notfall halfen wir drei jungen Seglern, die ausgerechnet auf dem ersten Törn mit ihrer neuen Jacht auf Grund gelaufen waren. Sie kamen von Borkum und wollten nach Kühlungsborn in der Ostsee, doch vor Spiekeroog war ihnen eine Sandbank im Weg. Gegen 17 Uhr trafen wir mit der *Neuharlingersiel* ein, konnten aber nicht viel unternehmen. Bei ablaufendem Wasser steckte der Segler so fest im Schlick, dass es unmöglich war, ihn freizuschleppen. Wir versprachen, zur Flut wiederzukommen.

Als wir um kurz nach neun abends wieder eintrafen, hatte der Wind deutlich aufgefrischt. Die Wellen spritzten über Bord, und man konnte deutlich spüren, wie unwohl sich die drei jungen Männer fühlten. Erst nach mehreren Versuchen gelang es uns, die Jacht freizubekommen – und nun bemerkten wir, dass sie ein Leck hatte. Sogar ein ziemlich großes Leck, denn das Boot nahm schnell Wasser.

Die Segler begannen, mit Eimern zu schöpfen, aber auch mithilfe unserer Pumpen kamen sie nicht gegen den Wassereinbruch an. Die einzige Lösung: Wir mussten so rasch wie möglich den nahe gelegenen Hafen von Spiekeroog erreichen. Wenn es richtig kritisch werden sollte, würden wir die Männer schnell aufnehmen und das Boot eben auf Tiefe gehen lassen – aber alle wollten versuchen, es noch zu retten. Obwohl die Segler bereits bis zur Gürtellinie im Wasser standen und der Wind weiter zunahm.

Ein junger Mann bekam in den nächsten Minuten auch leichte Panikattacken, aber gemeinsam konnten wir ihn beruhigen. Wir schafften es nach Spiekeroog. Was am Ende dann doch keinen großen Erfolg brachte: Das Boot sank im Hafenbecken. Totalschaden. Freundliche Insulaner brachten den unglücklichen Seglern warme Decken, Kannen mit heißem Tee und trockene Kleidung; man quartierte sie für den Rest der Nacht im Kinderheim ein.

Die Seenotrettung hat Geschichte in meiner Familie, schon mein Großvater und mein Vater waren für die Gesellschaft im Einsatz. Auch die Tätowierung auf dem Unterarm gehört zur Tradition: Sie zeigt zwei Hände, die vor untergehender Sonne ineinandergreifen. Ich kam zur Deutschen Gesellschaft zur Rettung Schiffbrüchiger, als ich vom Fischerboot auf die Fähre der Spiekeroog-Reederei wechselte, was bedeutete, dass ich nicht mehr nachts zum Krabbenfang auf See musste. Der damalige Vormann sprach mich an. Nachts gehen seit jeher die meisten Notfälle ein, und er benötigte Unterstützung. Ich willigte per Handschlag ein, das war im Sommer 1969. Seitdem bin ich dabei. Nur einmal habe ich kurz überlegt aufzuhören. Als mein jüngerer Bruder Bernhard bei einem schweren Unglück auf dem Kreuzer *Alfried Krupp* ums Leben kam. Aber dann dachte ich: Das macht Bernd, wie ihn alle nannten, auch nicht wieder lebendig.

Ich rede eigentlich nicht gerne über diese schreckliche Zeit. Mein Bruder, Vormann der Station auf Borkum, hinterließ Frau und fünf kleine Kinder. Maschinist Theo Fischer, der in der Nacht auf den 2. Januar 1992 ebenfalls starb, hatte drei Kinder. Zwei weitere Seenotretter wurden während des Einsatzes verletzt.

Am Neujahrstag tobte ein schwerer Sturm, und vor der niederländischen Küste war ein Frachter in Schwierigkeiten geraten. Zwei holländische Seenotrettungsboote liefen aus. Als eine Welle einen Kollegen von Bord riss, leitete man sofort eine große Suchaktion ein, an der sich Einheiten der gesamten Küste beteiligten. Auch der Kreuzer meines Bruders. Nach zweieinhalb Stunden entdeckte ein Hubschrauber den Schiffbrüchigen in der aufgewühlten See und konnte ihn bergen. Alle Einheiten steuerten ihre Heimathäfen an.

Auf der *Alfried Krupp* hatte sich Rettungsmann Bernhard Runde während der Fahrt ins Suchgebiet im Gesicht verletzt und blieb unter Deck; Theo Fischer nahm seinen Platz im Ausguck ein. Mein Bruder Bernd stand – von Leinen gesichert – auf der Backbordseite des Fahrstandes. Um 22.14 Uhr wurde der Kreuzer von mehreren starken Grundseen erfasst. Er drehte aus dem Kurs, wurde von gewaltigen Wassermassen überrollt und kenterte durch.

Der Kreuzer setzte kieloben mit voller Wucht durch, dann richtete er sich wieder auf. Teile der Ausrüstung wurden aus der Verankerung gerissen und bohrten sich in die Decke. Zwei Scheiben waren eingeschlagen. Wasser drang ein und beschädigte die Elektrik. Beide Seitenmotoren stellten sich ab, die Mittelmaschine fiel aus. Ohne Elektrik, ohne Motorkraft trieb der Kreuzer manövrierunfähig im Sturm. Der Mast war geknickt, die Reling niedergedrückt, der obere Fahrstand schwer beschädigt.

Das Schrecklichste aber: Theo Fischer, der sich im Moment vor der Grundsee auf den Weg zur Maschine gemacht hatte, war nicht mehr an Bord. Eine Welle hatte ihn fortgerissen. Mein Bruder hatte die Durchkenterung überstanden, war aber verletzt. Dietrich Vehn, der sich im unteren Fahrstand befand, hatte das Fußgelenk gebrochen. Bevor das Funkgerät ausfiel, gelang es den Männern noch, einen Notruf abzusetzen. Sie schossen auch Leuchtmunition in den Himmel, die an Land gesehen wurde.

Sofort lief eine große Hilfsaktion an. Ein Hubschrauber der deutschen Marine entdeckte den Havaristen um 23.50 Uhr. Zehn Bergungsversuche aber scheiterten im Orkan, die Wellen waren zu hoch. Mein Bruder hielt sich am Strecktau fest und versuchte, in der Mitte des Vorschiffs das Windenseil zu greifen. Was ihm in der schweren See und wegen der heftigen Rollbewegungen nicht gelang. Das Schiff legte sich bis zu 100 Grad auf die Seite.

Er entschloss sich, zu den Kollegen Runde und Veh zu hangeln, die sich auf dem Aufbau gesichert hatten. Bei diesem Versuch erfasste ihn eine große Welle und riss ihn fort. Das Lichtsignal an seiner Rettungsweste war noch kurz zu sehen, dann verschwand er in der tosenden See.

Der Besatzung des Kreuzers *Otto Schülke* gelang es, eine Leinenverbindung herzustellen und den Havaristen später ins niederländische Eemshaven zu schleppen. Mit zunehmender Verzweiflung versuchten Rettungskreuzer, Einheiten von Marine, Bundesgrenzschutz und Zoll, die beiden Schiffbrüchigen zu finden. Auch die Fischer unseres Heimatdorfs Neuharlingersiel liefen mit ihren Kuttern aus, um zu helfen. Die Suche dauerte bis in die Abendstunden des 4. Januar. Dann gab es keine Hoffnung mehr.

In der Nacht des Unglücks hatte ich einen Anruf der Seenotzentrale in Bremen erhalten, gegen 3 Uhr morgens. Ich war wie betäubt. Ich wusste sofort: Bernd ist verloren. Mit dem Rad bin ich zu meiner Schwägerin gefahren, das war so unheimlich schwer, das tat so weh, ihr die Nachricht zu überbringen. Mein Vater, damals 80, wollte es nicht glauben. Dann habe ich meine Geschwister informiert. Ich bin der Älteste von acht, einer musste es machen. Zwei Tage war ich hinterher auf null.

Natürlich denke ich manchmal an meinen Bruder, wenn ich
in einem Sturm auslaufe. Aber Angst? Angst habe ich nicht.
Wer Angst hat, der darf nicht rausfahren. Ich habe zwei Sätze
geprägt, die zu einer Art Leitspruch der Gesellschaft wurden.
Wir können das. Wir machen das.

....

*Vormann Wolfgang Gruben kam 1940 in
Neuharlingersiel zur Welt. Wie fast alle Männer im
Ort wurde er Fischer und fuhr auf Kuttern bis
hinauf zu den Shetlandinseln und nach Norwegen.
1963 machte er sein Kapitänspatent und arbeitete
in den nächsten Jahren für die Spiekeroog-Reederei.
Seit 1969 rettet Gruben als freiwilliger Helfer Leben.*

*Seit Gründung der Deutschen Gesellschaft zur
Rettung Schiffbrüchiger am 29. Mai 1865 haben
45 Rettungsmänner ihr Leben im Einsatz verloren.*

191

18 HEIMKEHR ANS STURMKAP

....

»Der Durchhaltewillen von Kapitän Jürgens
und seiner Generation, immer weiterzumachen,
zu kämpfen, in einem positiven Sinne,
das imponiert mir.« ~ *Axel Prahl*

....

ANS PETER JÜRGENS segelte 1939 als Schiffsjunge auf
dem letzten rahgetakelten Frachtschiff um Kap Hoorn.
Nun kreuzt der Kapitän wieder vor dem Kap der Stürme. Diesmal an
Bord des Fernseh-»Traumschiffs« und in Begleitung des Schauspielers
Axel Prahl. Für Jürgens, den letzten Kap Hoornier, ist das Abenteuer
vor dem »Sturmkap« auch eine Reise in die eigene Vergangenheit.

Eine Reportage von der windigsten Ecke der Welt.
Aufgeschrieben von Stefan Kruecken

Kap Hoorn kommt in Sicht, und es scheint, als habe jemand
an höherer Stelle einen Sinn für Melodramatik. Wie bestellt,
schieben sich die Wolken auseinander, ein Lichtkegel zeigt
genau auf das wildeste Ende der Welt, und auf dem Brücken-
deck der *MS Deutschland*, des »Traumschiffs« aus dem ZDF-
Abendprogramm, zücken nun viele Passagiere ihre Kameras,
als ließe sich die Magie des Moments auf eine Speicherkarte
bannen. Der alte Kapitän ist in kleinen Schritten zur Seite ge-
trippelt, steht etwas abseits und betrachtet das Schauspiel mit
einem Lächeln. Was geht in ihm vor? Man braucht die Frage
nicht zu stellen, denn er würde sie nicht beantworten, seine
feuchten Augen vielleicht mit dem Wind erklären, der mit sieben Stärken weht, was vor Kap Hoorn ruhiges Wetter meint.

Hans Peter Jürgens, Jahrgang 1924, ein Seemann mit bu-
schigen Brauen, gischtweißem Haar und einem Gesicht ohne
Falten, ist dahin zurückgekehrt, wo seine Geschichte begann.
1939 war er Schiffsjunge an Bord der *Priwall*, auf dem letzten
Segelschiff, das die berüchtigte Passage um Kap Hoorn mit
Ladung überstand. Der Jüngste an Bord. 70 Jahre danach erschien seine Biografie »Sturmkap«. Als Axel Prahl das Hör-

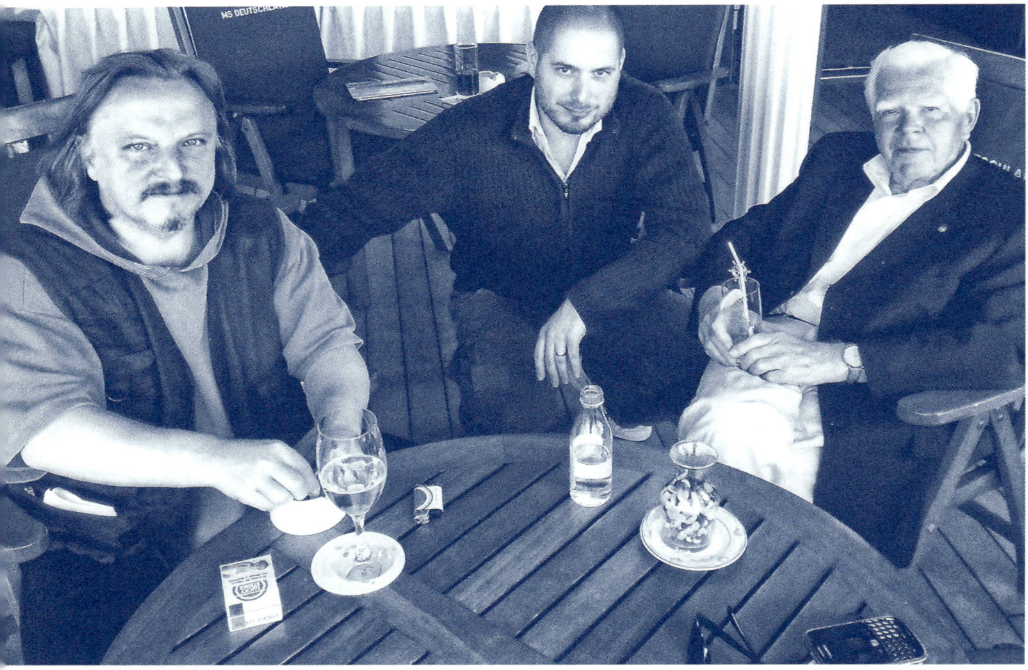

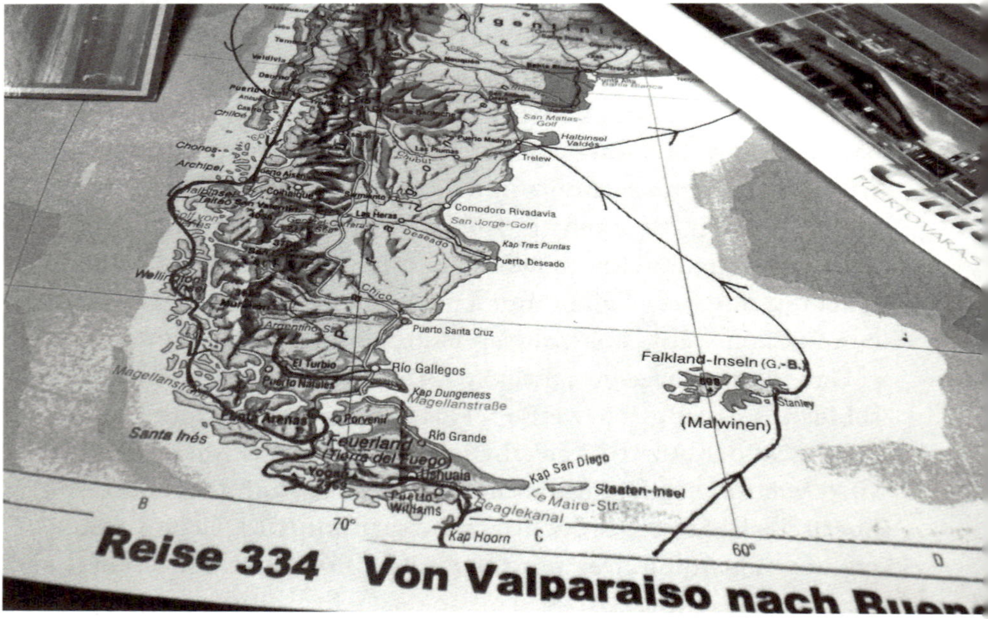

Chonos-
Archipel
San Matias-Golf
Halbinsel Valdés
Puerto Madryn
Trelew
Comodoro Rivadavia
San Jorge-Golf
Las Heras
Deseado
Kap Tres Puntas
Puerto Deseado
Chico
Puerto Santa Cruz
El Turbio
Río Gallegos
Puerto Natales
Kap Dungeness
Magellanstraße
Punta Arenas
Porvenir
Santa Inés
Río Grande
Feuerland
(Tierra del Fuego)
Ushuaia
Puerto Williams
Beaglekanal
Kap San Diego
Staaten-Insel
Le Maire-Str.
Kap Hoorn
Falkland-Inseln (G.-B.)
Stanley
(Malwinen)
70°
60°
B
C
D
Reise 334
Von Valparaiso nach Buen

buch vorstellte, lud die Reederei Deilmann zur Reise um die Spitze Südamerikas ein. Der alte Kapitän, der einst Lokomotiven nach Indien brachte oder Holz aus Finnland holte, wäre nie auf die Idee gekommen, zum Vergnügen auf See zu gehen. Nicht immer, das ist zu spüren, fühlt er sich wohl bei der Teestunde im Salon oder zwischen den Smokingträgern beim Galaempfang.

Wenn Jürgens Vergleiche anstellen soll, wie es damals war an Bord der Viermastbark (die Kali und Stückgut geladen hatte) und wie es heute auf dem Fünfsternedampfer zugeht, einer Art schwimmender Clubsessel, dann sagt er: »Kaum zu beschreiben, ein Unterschied zwischen Himmel und Hölle.« Die Hölle, 1939: schwere Stürme, 19 Tage lang von vorne, Kälte, Kojen mit dünnen Auflagen aus Stroh, Kleidung, tiefe Müdigkeit, harte Arbeit unter Lebensgefahr hoch oben in den Rahen, wo die Schiffsjungen ohne Absicherung die Segel bargen. Die Fingerbeugen waren vor Anstrengung aufgeplatzt und das Ölzeug hatte den Nacken blutig gescheuert. Ein mieser Dauerproviant aus Hülsenfrüchten, angeschimmeltem Zwieback und stinkendem Salzfleisch setzte den Seeleuten zu. Einen einzigen Ofen gab es an Bord, der in der Kabine des Kapitäns stand und niemals befeuert wurde. Aus Furcht, so die Logik damals, dass sich jemand erkälten könnte. Damit niemand von einer überkommenden See mitgerissen wurde, wurden »Leichennetze« als letzte Sicherheit gespannt. Wer über Bord ging, war verloren.

Für Segelschiffe bedeuteten auch Eisberge, die vom südpolaren Packeisgürtel abbrachen, eine tödliche Gefahr, die Navigation zum Glücksspiel machte, vor allem nachts, besonders im Sturm. An Bord der *Admiral Karpfanger*, eines Schulschiffs der Hamburg-Amerika-Linie, das mit Weizen auf der Reise von Australien nach Europa vor Kap Hoorn verschwand, überlebte keines der 60 Besatzungsmitglieder. Man fand nur eine Tür und einen Rettungsring. Die *Admiral Karpfanger* sank 1938, ein Jahr vor der Reise des Schiffsjungen Jürgens.

Aus Respekt vor Kap Hoorn hatte Adolf Hauth, Kapitän der *Priwall*, eine Route weit um die Felsen herum gewählt, mit einem Sicherheitsabstand vieler Seemeilen. Moses Jürgens erinnert sich daran, dass er an einem grauen Vormittag den Kohlenvorrat der Kombüse auffüllte, als er steuerbord voraus die Staateninsel sah, die dem Kap vorgelagert ist.

»Sieh es genau an«, raunte ihm einer der Offiziere zu, »dahinten ist der Eingang zur Hölle.«

Als die *MS Deutschland* querab zum Sturmkap läuft, das sie dank ihrer starken Motoren und der Wetterlage in nahem Abstand passieren kann, lässt Kapitän Andreas Greulich, Ende 40, ein Mann mit fein rasiertem Schnurrbart und nach hinten gekämmtem Haar, das Typhon ertönen. Er geht auf Jürgens zu, nimmt Haltung an und salutiert: »Herr Kapitän, es ist mir eine Ehre, Sie an Bord zu wissen«, sagt er. »Wir haben großen Respekt vor Ihrer Leistung.«

Jürgens erwidert die Geste etwas unbeholfen, lächelt verlegen, ihm scheint die Szene unangenehm zu sein. Seit vielen Jahren fahre er zur See, meint Greulich, aber an Kap Hoorn vorbeizukommen, sei für ihn etwas Besonderes: »Es mag pathetisch klingen, aber hier liegen viele gute Männer«, sagt er. Mehr als 800 Schiffe sanken im Sturm, kollidierten mit Eisbergen oder zerschellten an den Klippen. Mehr als 10.000 Seeleute ertranken. Wer Kap Hoorn überlebte, durfte Mitglied der Kap-Hoorniers-Vereinigung von Saint-Malo werden, einer der exklusivsten Bruderschaften der Welt. Jürgens war der letzte Vorsitzende der deutschen Sektion, die sich 2003 auflöste, weil nur noch wenige Mitglieder leben. Der Letzte von ihnen wird die Flagge, die ein Albatros ziert, mit ins Grab nehmen.

Der Schiffsjunge Jürgens überlebte die Reise ums Sturmkap, weil sein Unterbewusstsein, der Instinkt, überleben zu wollen, die Kontrolle über seinen Körper übernahm, als die Erschöpfung und der Schlafmangel erdrückend wurden. »Angst hatte ich nicht«, erzählt er, als er mit Axel Prahl in der Bar

197

Alter Fritz auf Deck sieben sitzt, bei Frikadellen und Bier. »Das war seltsam. Ich dachte nur an den Augenblick, daran, wie es in der nächsten Minute weiterging.« Es kam vor, dass die Segel trotz des Einsatzes beider Wachen aus den Lieken geweht wurden, dass die Schotenketten um sich schlugen und Funken sprühten. An den Steuerrädern, jeweils anderthalb Meter hoch und miteinander gekoppelt, banden sich vier Männer fest, um die *Priwall* einigermaßen auf Kurs zu halten, und sie konnten die Ablösung nach einer Stunde kaum erwarten, denn die Arme brannten vor Schmerzen. Die Routen der Segelschiffe im Sturm erinnern an Kinderzeichnungen eines Gebirges, wilde Zickzacklinien.

Manchmal kamen die Matrosen und Schiffsjungen drei Tage lang nicht in die Koje, und wenn, dann dauerte die Pause vielleicht drei Stunden, »die sich anfühlten wie drei Minuten« (Jürgens), bevor es wieder hieß: »Reise, Reise, alle Mann an Deck!« Der einzige Ort an Deck, an dem man vor dem Wind etwas Schutz fand, war das Kartenhaus auf dem Hochdeck, in dem Kapitän Hauth stand, ein kräftig gebauter, gedrungener Mann, der einen legendären Ruf genoss: Unter seinem Kommando hatte es die *Priwall* – einer der berühmten »Flying P-Liner«, wie die Schiffe der Reederei Laeisz wegen ihrer rasanten Reisen genannt wurden – geschafft, das Kap von 50 Grad Süd im Atlantik nach 50 Grad Süd im Pazifik in fünf Tagen und 14 Stunden zu umrunden. Und damit schneller als alle amerikanischen Clipper und sogar der berühmte Fünfmaster *Potosi*.

81 Tage benötigte die *Priwall* von Hamburg bis in den ersten Hafen von Chile, ein trostloses Nest namens Corral. Als der Segler wenige Tage später in die Bucht von Valparaiso hineinsegelte, tauchte hinter ihr ein englisches Kriegsschiff auf. Stunden später brach der Krieg aus – und für den Schiffsjungen Jürgens, der vom nutzlos gewordenen Segelschiff abkommandiert wurde, begann eine Odyssee durch eine Welt im Krieg. Er schuftete als Straßenbauer in Chile, wurde mit dem Frachter *Erlangen* versenkt, überlebte ein Kriegsgefangenen-

lager im Dschungel von Sierra Leone. Er fror in einem kalten Winter in den schottischen Highlands und fütterte Bären an den Großen Seen von Kanada. Um seinen Traum, Kapitän zu werden, zu verwirklichen, türmte Jürgens anschließend nach Antwerpen, wurde gefasst, saß im Gefängnis, brannte Schnaps in London und fing Fisch unter Island.

Ein Leben wie von einer Romanfigur.

Auf der *Deutschland* grüßen viele Passagiere den alten Kap Hoornier wie einen Star, fragen ihn wieder und wieder, wie das damals war, und es hat etwas Rührendes, wenn eine alte Dame mit zitternden Händen darum bittet, mit ihm fotografiert werden zu dürfen. »Ich bin hier wohl der bunte Hund«, meint Jürgens, lächelt sein listiges Lächeln. Der Respekt, die Anerkennung, die er in den Gesprächen und nach den Lesungen spüre, hätten ihm gutgetan. »Als Seemann erfuhr man dies nicht immer«, sagt er.

Einige Tage später, etwa hundert Seemeilen südlich der Falklandinseln. Auf der Brücke der *MS Deutschland* trifft eine Orkanwarnung ein. Ein starkes Sturmtief schiebt heran, Beaufort neun, zunehmend, dazu eine See, die in der Vorhersage als »very rough«, als sehr rau, angekündigt wird. Mitglieder der Crew beginnen damit, die Liegestühle aus Edelholz zu sichern, und mit jeder Stunde nimmt die Dünung zu. Der Wind pfeift mit sieben, dann neun, schließlich zehn Stärken, und an der Rezeption steigt das Interesse an Tabletten gegen Seekrankheit rapide. Jürgens setzt seine Mütze mit dem Albatrosmotiv auf, stellt den Jackenkragen hoch und tritt hinaus an Deck. »Ich fühle mich ausgesprochen wohl«, ruft er in den Wind und sieht aus, als hätte er eine Glückspille geschluckt. »Das ist ein Gefühl, das ich lange entbehrt habe.« Er genießt die Bewegungen des Schiffs, sein Taumeln und Tanzen und das Schreien des Sturms.

Der Atlantik ist eine Landschaft aus Wellenbergen, deren Gischt der Wind hinfort trägt, für jeden Passagier eine elementare Erfahrung, und nach einer besonders großen Welle sind Schreie der Begeisterung zu hören. Am Tresen des *Alten Fritz* sieht man in dieser Nacht viele unbekannte Gesichter. Kapitän Jürgens zieht sich früh in seine Kabine zurück, er sagt, er wolle über früher nachdenken. Um drei Uhr in der Nacht erreicht der Sturm seinen Höhepunkt, man misst eine »ausgewachsene Windstärke elf«, wie im Logbuch vermerkt wird. Einige Neugierige, darunter Axel Prahl, wagen sich heraus aufs Oberdeck. Kalter Regen sticht wie tausend kleine Messer im Gesicht, der Orkan brüllt, ist nun wirklich wütend, und man umklammert besser den Handlauf entlang der Aufbauten. Als die *Deutschland* eine große Welle bricht, kommt die Gischt nieder wie aus einem riesigen Eimer. Betäubt taumelt man zurück in die Kammer, zieht die wärmende Decke hoch und schenkt sich einen Whisky ein.

Kapitän Jürgens bekommt von all dem nichts mit, denn er schläft, tief und zufrieden. Im Sturm zu sein, meint er, sei das schönste Gefühl.

Ein Gefühl, als komme er nach Hause zurück.